ON THE SHORTNESS OF LIFE

Life is Long if You Know How to Use It.

塞內卡 Seneca 著

論人生短暫

古羅馬斯多噶學派經典人生智慧書，
關於心緒寧靜、時間與錢財

目錄

推薦序 005
心中無惡：身、心、靈都平衡的斯多噶哲學 苑舉正
塞內卡的作品與一生 009
塞內卡：作品與理念 011
塞內卡：他的一生 023
論恩惠 035
塞內卡論人生短暫 043
塞內卡論心緒寧靜 119
致瑪西亞告慰書 193

推薦序

心中無惡：身、心、靈都平衡的斯多噶哲學

苑舉正　國立臺灣大學哲學系教授

斯多噶哲學很特別，因為它不以個人哲學為主，是一個學派，強調應用基本理念於生活世界。這個實用特色使得斯多噶哲學流傳了幾百年，甚至到了今天，依然有許多人積極發展斯多噶哲學的的理念，以實用的態度面對人生。

塞內卡是斯多噶哲學中的佼佼者，他以「接受命運」、「活在當下」，以及「崇尚美德」這三項基本原則，透過他個人的睿智，以及流暢的表達，留下豐富的著作。他的思想穿透時代，包含生活中各式議題，至今讀起來，都覺得受用無窮。

本書選擇塞內卡的三篇文章，而且選得很巧妙，呼應了人生的，身、心、靈。

第一篇〈論人生短暫〉，強調我們在有生之年，應當身體力行，設定目標，實現自我。到老，努力一生的目的是為了追求全身而退。這其實是非常積極的人生哲學，其中最重要的是，瞭解自己的需求，願意將時間全部投注其上，把每一天當成最後一天來規劃。

第二篇〈論心緒寧靜〉。這篇文章問的是，為什麼我們的心緒會焦躁，甚至徬徨無助呢？塞內卡的答案是，因為心中有惡。什麼「惡」呢？追求不實際欲望的惡，忘掉知足常樂的教誨，卻一個勁的想著自己能力無法得到的事物。

因此，追求心緒寧靜的關鍵，就是認識自己，知道自己的長處與短處，好好設定目標，做該做的事情。要知道，讓我們痛苦的不是外界，而是我們自己。調整心態可以讓心緒寧靜，否則一方面歎息人生太短太可惜，另一方面會覺得日子過得又長又苦惱。

第三篇文章是〈致瑪西亞告慰書〉。這是一封長信，內容在安慰一位喪子的母親。這是極致的痛苦，因為一位母親辛苦撫育孩子成人，即將成名的兒子卻在意料之外過世了。塞內卡安慰瑪西亞說，難過一段時間適可而止，因為你應該知道，身軀的死就是讓靈魂回到那個不受羈絆與污染的純潔境地。既然你不可能永遠將兒子留在身邊，現在他的靈魂提早回到他應該回去的地方，這不是很好嗎？妳不要再難過了，因為這是必然發生的事情。

從身、心、靈三者，本書內容形成一個完整的系統，讓我們認知，斯多噶哲學包含人生的所有面向。塞內卡以最實用的方式，充滿智慧的金句，平易的生活實例，直接表達出我們在生活中所需要的智慧。這也是為什麼斯多噶哲學歷久彌新，更是妙用無窮，不過究竟「妙」在哪裡，這是需要讀者自己細細品味。

我基於本書諸多優點，以及它實際面對現代人在身、心、靈的需求，鄭重推薦本書，希望大家能夠由閱讀本書，展開人生的智慧之旅。

塞內卡的
作品與一生

塞內卡：作品與理念

在歷史上，羅馬哲學家塞內卡（Lucius Annaeus Seneca the Younger, 4 BC-65 AD）有三名死對頭。第一位是羅馬皇帝卡利古拉（Caligula），他認為塞內卡的作品根本是「一盤散沙」，裡面不時冒出天馬行空的內容，句子也不大連貫。不過，比塞內卡被批得更慘的大有人在，譬如荷馬、維吉爾和李維（Livy）這些大作家，他們的著作不是遭人嚴重打壓，就是被逐出公立圖書館。

塞內卡的第二位死敵則是歷史學家法比烏斯（Fabius）。法比烏斯認為，塞內卡的好辯程度超過同代人太多，最後變得為辯而辯，而且用字遣詞往往過於雕琢匠氣（對此，歷史學者塔西圖斯 Tacitus 倒是替塞內卡稍稍護航，認為塞內卡的風格屬於個人創作自由，反映出當時的語言趣味）。法比烏斯還批評塞內卡的哲學思想有欠深刻，不過他也承認，塞內卡好學不倦，是個有智慧、飽讀詩書的點子王，而且塞內卡嫉惡如仇，雖然好為人師卻和藹可親，想了解塞內卡的道德觀，可以多參閱他的著作。

法比烏斯又認為，塞內卡的論述看似睿智有理，但其實是因為他名聲太響亮，讀者才會留下這樣的印象；其實，塞內卡習慣想到什麼寫什麼，所以法比烏斯建議，讀者應該細讀塞內卡的著作，找出裡頭經過慎思的段落。他認為，塞內卡有許多令人贊同、嘆服的優點，但智者千慮必有一失，塞內卡也會有失策的時候。

塞內卡的第三個死對頭是羅馬作家阿格流斯（Agellius）。阿格流斯對塞內卡的寫作風格非常有意見，因為文章中常有刻意吸引讀者的重複內容，但是，阿格流斯也讚賞塞內卡各種中肯的建言，以及對神祉的虔敬。

在塞內卡的支持者這方，作家科魯梅拉（Columela）認為塞內卡是位「博學多識的智者」；老普利尼（Pliny）稱呼他為「博學之王」；塔西圖斯表示，塞內卡是位「有智慧的王儲之師」；歷史學家狄奧（Dio）則認為，塞內卡是「同代人中最偉大的人」。

針對塞內卡流傳至今的作品，這裡就不多提了；至於已經佚失的部分，我們也只能參閱其他作家的著作，找出用來致敬塞內卡的引文，而且，將這些引文納入塞內卡作品集實屬合情合理。

塞內卡被放逐之後，似乎曾寫下一些詩作。關於這點，他的個人自述多少透露了一些端倪，倒是塔西圖斯直接闡明了原委：「塞內卡發現尼祿嗜讀詩，便開始作詩取悅皇帝，卻讓自己成了眾矢之的。」

聖傑洛姆（St. Jerome）曾引用過塞內卡的婚姻觀；拉克坦提烏斯（Lactantius）著重探討塞內卡的生平及他的著作《論道德》（Moralities）；聖奧古斯丁（St. Augustine）則引用了塞內卡《論迷信》中的某些段落；有人也引述過塞內卡的《論勸誡》（Exhortations）。法比烏斯曾經提及《對話錄》（Dialogues）的內容。另外，塞內卡本人曾表示，自己年輕時曾寫過關於地震的文章，不過，就他和使徒保羅的書信往來內容研判，所謂的地震文章似乎並非事實。

以上塞內卡著作的某些段落看似佚失，實際上卻藉著其他名家著作流傳下來了。不過，這些名家顯然漏失了不少精彩段落，因為最後傳世的部分真的太少了。

三世紀的基督教學者拉克坦提烏斯（Lactantius）認為，在所有斯多噶主義者當中，塞內卡的觀點最為犀利，而且他對神的虔敬簡直無與倫比！譬如說，塞內卡曾談過「非自然死亡」這件事：「你還不明白上蒼多有威嚴嗎？這位至高無上的主宰者統管天地，也宰制著你信奉的眾神；這些神明具備的神力，都是那位至高的神所賜予的。」另外，他在《論勸誡》當中也說：「神創造宇宙時也訂定了運作規律，供大自然及世間遵循；其實，神就是一切的化身，只是祂找了一批手下代勞而已。」塞內卡雖然不是基督教徒，卻跟我們一樣老是把神掛在嘴邊！

拉克坦提烏斯還說，塞內卡在《論勸誡》中也展現出他犀利的一面。塞內卡表示：「我們都信錯了；我們應該要仰望這股力量，因為一切美善的事，一切的恩惠，全是託祂的福。」

在《論道德》當中，塞內卡再次表示：「人們凝望、跪拜、敬愛神的偶像，卻從不對偶像獻出祭禮或牲禮；人們敬重神的偶像，卻對製作偶像的工匠不屑一顧。」

拉克坦提烏斯又提到，塞內卡在《論勸誡》中表示：「大多數哲學家最擅長的就是謾罵；談起人的貪念、色慾、野心，這些哲學家就會變得尖酸刻薄，好像他們的工作就是大呼小叫。他們讓我想到，藥局裡有些藥罐裝著毒藥，標籤上卻寫著『解藥』。」

拉克坦提烏斯還說：「如果有人想了解世間的一切，就叫他去讀塞內卡的著作。對於世間種種惡行與禮節，塞內卡不但做了生動的描述，也給出極為犀利的批判。」

拉克坦提烏斯更表示，塞內卡在《道德哲學》一書中提到：「能夠直面死亡、無所驚懼的人，才是真正的勇者。這種人之所以偉大，並不是因為他英姿煥發、威嚴逼人，而是即使被縛於輪上遭人車裂，或是喉嚨被灌入熔鉛，他都會視痛楚如無物，只在乎自己能否繼續忍耐，維護尊嚴。」

拉克坦提烏斯說，但願沒有人會因為四下無人，就認為秉持惡念才是安全之道，因為神是全知的，萬事都逃不過祂的法眼。在《論勸誡》最後，塞內卡寫下了一句令人嘆服的結論：「神是一股偉大、玄妙的力量（我無法一窺其實相），我們為了神而活，也必須對祂敞開心胸。但是，若我們只對神敞開心胸，卻不以良知待人，這豈有實益可言？」試問，相較於非基督徒的塞內卡，哪個基督徒能說出比他更精闢的話？在《論勸誡》一開頭，塞內卡就表示：「我們究竟在做什麼？整天工於心計、活得鬼鬼祟祟，究竟是為了什麼？神始終盯著我們看，我們是逃不出祂的掌心的。人可能會因為旅行、死亡、生病而和他人分開，但卻永遠無法與自己切割。默默藏身角落的行為毫無益處，而且根本瘋狂至極！要知道，雖然一般人無法看穿他人的內心，但凡是有良知的人，都會主動指證自己的不良行為。」

拉克坦提烏斯認為，塞內卡的評論確實非常中肯：「記住神的威嚴、善意與慈愛，把祂當成長伴身畔的好朋友。看見人們宰殺無辜的動物、膜拜鮮血淋漓的祭禮，祂會覺得開心嗎？我們應該滌淨心靈，過著有德而真誠的人生。神的喜悅，不在於看見石造神殿有多美輪美奐，而是看見人們能抱持憐憫而敬神的心。」

聖奧斯汀（St. Austin）表示，塞內卡在批判迷信的著作當中，曾經討論過偶像的概念：「所謂偶像，是神聖不朽、不容褻瀆的神明的化身，只是呈現方式相當簡陋，而且全無生氣、靜止不動；這些偶像可能具備人、獸、魚的形貌，或是許多生物的集合體，而且被人們奉若神明。不過，要是這些偶像活了起來，恐怕就會十分駭人，被人們當成怪物了。」

在同一本書當中，塞內卡還談了自然神學。他先引用幾位哲學家的觀點，再假想有人駁斥他的說法：「有人大概會問我，『你會不會要我接受天地是眾神的化身，而且有些神明的等級高於月亮，有些低於月亮？我是不是應該接受柏拉圖及逍遙學派學者史特拉波（Strabo the Peripatetic）的看法？柏拉圖認為神沒有形體，史特拉波則說神不具備心靈。』」針對這些問題，塞內卡表示：「請問，你會把早期羅馬皇帝塔提烏斯（T. Tatius）、羅慕路斯（Romulus）、奧提里烏斯（Hostilius）的夢看得比這件事還重要嗎？你知道拜這些早期皇帝所賜，連恐懼和面色發白都被當成神明崇拜了嗎？這兩種情緒，是人類所有情緒當中最卑劣的；恐懼是心靈受驚嚇後的狀態，而面色發白不是生病，而是身體脫序時的色澤。你想將這兩種情緒奉若天神，視為自己的信仰嗎？」

接著，塞內卡又批評了世間的歪風惡俗，而且暢所欲言，毫不留情：「有人渴望當閹人，於是成了閹人；有人想用騎槍刺穿自己的手臂，最後真的刺了。如果這樣做是為了取悅神明，那麼要是想激怒神明，這些人又得怎麼辦？再說，如果他們真的是為了取悅神明才這麼做，這些神肯定沒有信奉的價值。以為靠殘酷手段就能討神明歡心，實在太異想天開了，就算是天下最卑劣之人，在傷害自己之前都會三思而後行啊！有些惡名昭彰的暴君可能自殘過，或者命人撕裂別人的身體，但是，他們從來不會叫人對他們自己施虐。我們知道，有些人會靠當閹人取悅君王，但卻不會有人靠當閹人取悅自己。有些人會在神殿裡自盡，帶著一身血汙向上天禱告。但是，只要目睹過這類自虐行為，就會明白這並非正人君子的行事風格，也不值得自由民效法，更和聰明人的行徑格格不入。要不是自盡的人數太多，旁觀者肯定會覺得這些人瘋了；只是因為人數多，這些人才看似理直氣壯，還能互相取暖。」

聖奧古斯丁表示，塞內卡曾經在朱比特神殿（Capitol）裡目睹上述這些行徑，他事後回想時，便毫無顧忌、口氣堅定地批判這些行為；他說，天底下居然有人會這麼做，而不只是講講笑話或瞎說，實在教人難以置信。當埃及人失去了冥王歐西里斯，需要在犧牲祭典上哀悼嗎？當埃及人重獲歐西里斯，又有什麼好開心的？塞內卡酸了這些人一頓，因為究其本質，所謂的失去或者重獲都是虛幻一場；不過，這些人還是得使出渾身解數，將內心的哀傷及喜悅表演出來。塞內卡說，「人們不是隨時都能這樣瘋瘋癲癲，一年頂多這麼一次。一走進朱比特神殿，我就看見好幾尊神明身邊圍著信徒，這些信徒扮起奴僕、侍者、隨扈或化妝師，個個有模有樣：有些人手捧酒杯，有些人替朱諾和米涅娃梳頭，有人替朱比特報時，有些人只是坐在地上望著朱比特塑像，想像朱比特會如何善待他們。」

接著，塞內卡又表示：「在智者看來，這些現象不純是拜神行為，而是一種儀式規範。雖說信眾們是因為多年迷信才湊在一塊，但我們還是會抱持敬意，認為這些行為純粹是風俗習慣，而非本於良知的行動。」因此聖奧古斯丁認為，塞內卡這位德高望重的元老院成員，不但會敬重自己批判的對象、從事自己厭惡的事物，也會尊敬自己譴責的人。

塞內卡：他的一生

凡是偉人的事蹟或著作，人們都會將相關資料紀錄下來，流傳後世。對於塞內卡這位偉大作家，我們也應該以相同的規格對待。

塞內卡生於哥多華（Cordova，知名古城，曾為羅馬帝國屬地，今位於西班牙境內），為阿奈烏斯（Annaeus）家族的一員，家族隸屬騎士階級。其父盧齊烏斯．阿奈烏斯．塞內卡（Lucius Annaeus Seneca）素有雄辯家（The Orator）之稱，與塞內卡齊名；其母名為赫爾薇亞（Helvia），是位品德高尚的女性。

羅馬帝國開國皇帝奧古斯都（屋大維）任內期間，老塞內卡來到了羅馬，妻兒也隨後進城；在當年，塞內卡還只是襁褓中的嬰兒。塞內卡有兩個兄弟（但沒有姊妹），三兄弟分別名為馬古斯・阿奈烏斯・諾瓦圖斯（Marcus Annaeus Novatus）、盧齊烏斯・阿奈烏斯・塞內卡（Lucius Annaeus Seneca）、盧齊烏斯・阿奈烏斯・梅拉（Lucius Annaeus Mela）。

大哥後來改名為養父的名字尤利烏斯・蓋里歐（Julius Gallio）。塞內卡的《談憤怒》一文，就是獻給大哥蓋里歐的作品；他的《談快樂生活》一文，設定的讀者同樣是蓋里歐。至於老三阿奈烏斯・梅拉，則是羅馬詩人盧坎（Lucan）的父親。

第二任羅馬皇帝提庇留（Tiberius）即位第五年，即猶太人被逐出羅馬那一年，塞內卡約莫二十歲。他在父親的指導下修習修辭學，但最後仍按天賦走上哲學之路，全心全意思索道德和德行的問題。他經常參加大人物的演講，譬如哲學家索提翁（Sotion）、阿塔盧斯（Attalus）、帕皮里烏斯（Papirius）、法比努斯（Fabianus）等，也經常提及這些人。

另外，他相當崇拜犬儒學派學者德梅特留烏斯（Demetrius）。塞內卡進了羅馬宮廷後，開始跟德梅特留烏斯交談，還不時與對方一同出遊，無論在羅馬帝國境內或境外，兩人都互有往來。

塞內卡的父親不希望兒子朝哲學發展，強迫他學習法律，因此有段時間內，塞內卡都忙著練習辯護技巧。後來，他父親又逼他出任公職，於是，塞內卡先當了財政官，又當了副執政官，有人認為塞內卡後來被拔擢為執政官，但此說有待商榷。

塞內卡有過兩任妻子，第一任的姓名不詳，第二任名為寶琳娜（Paulina），一談起寶琳娜，塞內卡總是熱情洋溢。第一任妻子替他生了一個兒子，名叫馬古斯。

在宮廷裡，塞內卡發現有些同僚會暗算他，而且皇帝尼祿對他的寵愛也漸漸消退，因此他直接去找尼祿，堅決地表示自己願意退還以前曾收受過的一切奉祿，只是尼祿一口回絕了。這件事是塞內卡人生的轉捩點：他從此息交絕遊，足不出戶，假裝身體微恙或必須埋首書堆。想當年，當他還是尼祿的家教時，只要皇帝聽得進他的建言，兩人的互動就平順無礙。尼祿有兩位心腹，一位是布魯斯（Burrhus），另一位就是塞內卡，兩人各有所長。布魯斯擅長軍事，嚴以律己；塞內卡則具備真知灼見，言詞犀利，性格溫和真誠。按歷史學者塔西圖斯的說法，兩人在尼祿心性未定的王儲時期，都試圖利用合理的享樂手段，引導尼祿培養美德。

克勞迪一世即位第一年，塞內卡遭流放到了科西嘉島，因為他涉入了一樁通姦案：當時，羅馬將領日耳曼尼庫斯（Germanicus）的小女兒茱莉亞（Julia）被皇后麥瑟琳娜（Messalina）指控與人通姦而遭流放，而通姦對象之一就是塞內卡。塞內卡被流放了至少八年，後來又被召回宮中，再獲重用。

塞內卡的財產有些自繼承而來，但絕大多數還是尼祿在擔任王子時期所賜，而且是經過各方決議後的贈禮，包括花園、別墅、土地、各種財產及無數金錢，最後點燃了某些人的妒火。根據羅馬時期歷史學家狄奧的統計，塞內卡光是在布列塔尼的利息收入就高達二十五萬英鎊，而且還要求債務人一次付清。

他的一生，基本上就是敬神、忠心與品德這幾個字。塞內卡曾說：「不久之後，燭火就要熄滅了，與我相知的妻子將會上床入睡；然後，我會回想這一天的一言一行，接著自我反省與認錯。如果我能對自己說『同樣的錯不要再犯，這次我原諒你』，我又何必遮掩或支支吾吾，無法下定決心反省過錯？」

在另一篇書信當中，他展現出敬神卻自疑的一面：「請相信我說的話，因為這是我的肺腑之言：在我看來，我一生遭遇的困頓與磨難都是神的旨意，既然如此，我會服從且欣然接受；這不是被迫，而是心甘情願。」

塞內卡因為捲入元老院成員皮索（Piso）意圖弒君一案，遭皇帝尼祿賜死。塔西圖斯記載道：「終於，塞內卡一命嗚呼了，尼祿聞訊樂不可支。事實上，根本沒有證據能證明塞內卡參與了皮索的計劃，但尼祿已經鐵了心，如果毒殺塞內卡不成，那就動刀殺了他。據說，尼祿買通了服侍塞內卡的自由民克雷歐尼庫斯（Cleonicus），要他餵食主人毒藥，但計謀最後失敗了。有可能是僕人向主人從實招來，也可能是塞內卡謹小慎微，成功看穿了陰謀，總之塞內卡逃過了毒藥劫。畢竟，塞內卡平日粗茶淡飯，不但只吃耕地的作物，更只飲用河水。」

出身騎士階級的謀反者那塔利斯（Natalis）銜命拜訪身體微恙的塞內卡，同時抱怨塞內卡為何不接見皮索，還勸他好好維繫兩人的往日情誼。塞內卡卻表示，雖然他自己很關心皮索的安危，但是太常和皮索碰面對彼此不利。在同一個時間，護民官葛蘭尼烏斯．席爾凡努斯（Granius Silvanus）奉命前往塞內卡的住處監聽兩人的對話，並向上級回報。可能是湊巧，也可能出於故意，塞內卡當天剛好離開坎帕尼亞（Campania），前去距羅馬城四英里內的別墅。於是第二天晚上，護民官便前往塞內卡的別墅，命人包圍整棟房子。他一看見塞內卡正和妻子寶琳娜及另外兩名友人共進晚餐，便將自己的來意告訴塞內卡。

塞內卡回答席爾凡努斯說，那塔利斯確實是奉皮索之命而來，言談間也的確抱怨塞內卡不讓皮索前來探望；塞內卡還說，他自己獨居不接見客人的原因是身體不適、想安靜獨處。而且，他應該多擔心自己的安危，不要老替別人操心。塞內卡強調，連皇帝本人都知道，他向來渴望自由，不喜歡逢迎諂媚，如果有人想說好聽話收買他，是絕對不可能成功的。

以上的答覆，席爾凡努斯全都如實回報給尼祿皇帝了，而在場聆聽回報的，還有波佩亞（Poppaea）和提格利努斯（Tigellinus）這兩位暴君的心腹。尼祿問席爾凡努斯，塞內卡是否有意逃跑，護民官表示，塞內卡聽了皇帝的旨意無動於衷，依然自顧自地講故事，神色一派從容。尼祿聽了，要求護民官再對塞內卡傳話一次，明白告訴他「他已經被判死刑了」。

根據史家法比烏斯·魯斯迪古斯（Fabius Rusticus）的說法，這次護民官並未循原路去找塞內卡，而是繞道拜訪某位名叫費尼烏斯（Fenius）的督軍，因為席爾凡努斯不確定自己是否該遵循皇上的指令辦事，想徵詢費尼烏斯的意見。費尼烏斯建議席爾凡努斯務必遵旨行事，否則的話，大家的小命都會不保。畢竟，席爾凡努斯已經捲入了策反計劃，即使他曾誓言清剿叛徒，現在卻反倒助了叛徒一臂之力。不過，席爾凡努斯依舊不想親自出馬告知塞內卡這個壞消息，於是找來了一位百夫長，要求他代為傳話。

魯斯迪古斯記載道：「一如預期，塞內卡平靜地要求宣布遺言，但百夫長拒絕了。塞內卡只好對朋友表示，雖然國家不准他用合理的方式回報朋友，但他還是能餽贈他們自己最珍重的事物，也就是他的人生姿態。如果他們願意循同樣的路線過活，人們就會認為他們對塞內卡有情有義；旁人可能會提出建言，也可能會指指點點，但這些都有助於鍛鍊心志。他說：『你們的哲學都學到哪去了？你們之前想與殘暴的命運對抗、不願受其支配的決心，都到哪裡去了？尼祿多殘暴，有人會不知道嗎？他連自己的媽媽和兄長都殺了，怎麼可能饒過家教老師？』在一番論述後，塞內卡將妻子擁入懷中給予鼓勵，奉勸她在巨變之中節哀，同時鼓勵她秉持美德，以此自我寬慰，以便撫平喪夫之慟。但寶琳娜卻表示，她想和塞內卡一同赴死，希望劊子手幫她完成心願。塞內卡說：『好吧，我們的人生都幸福了大半輩子，但要是妳寧願光榮赴死，我也不能怪你。』他除了擔心妻子的名譽，也想到自己對妻子是如何溫柔體貼，當他死後，妻子可能就得承受各種折磨。他說：『我們倆赴死的決心不相上下，但出名的會是你，不是我。』接著，劊子手切開了夫妻兩人的手臂血管，但由於塞內卡年事已高，加上平日粗茶淡飯，導致整個人身心衰弱，因此血流不暢。劊子手只好再將塞內卡大腿和其他部位的血管切開，加快失血速度。在彌留癱軟之際，塞內卡要妻子移駕別的房間，不要因為目睹自己受苦而動搖。直到斷氣前一刻，塞內卡依舊口若懸河，字字珠璣，旁人將每句話紀錄了下來，全數流傳後世。因此，我不會擅自改動他原來的說法。與此同時，尼祿下令留下寶琳娜活口，因為皇帝和寶琳娜之間素無過節，而且尼祿也擔心自己無法克制自己的殘暴，導致名聲臭上加臭。於是，士兵便一直要寶琳娜的侍女幫寶琳娜包紮止血，侍女們也遵命照做。但寶琳娜是否清楚來龍去脈，就不得而知了。許多愛講八卦的人謠傳說，寶琳娜絲毫不屑尼祿的不殺之恩，寧願與丈夫一同從容就義，但考量到尼祿會法外開恩，以及在旁人勸說之下，她終究還是決定拋下丈夫，自個兒活下來。塞內卡離世後好幾年，寶琳娜始終緬懷著丈夫，只是整個人卻日漸憔悴、面如槁灰，儼然成了蒼白的行屍走肉。」

魯斯迪古斯還有如下記載：「塞內卡發現自己死得太慢，便要他的醫生老友史塔提烏斯．阿奈烏斯（Statius Annaeus）餵他毒藥。這帖毒藥是他事先備好的，跟雅典城用的死囚毒劑同一款。塞內卡拿到毒劑便一飲而盡，但毒藥絲毫不見效，因為他的身體早已冰冷蜷曲了。最後，他乾脆坐進熱水盆裡，一面對身邊的僕人灑水，一面說：『（灑水）以此獻給朱彼特救世主。』藉著氤氳熱氣催化，塞內卡很快就斷氣了。他在遺囑中寫道，請大家務必火化他的遺體，而且不能把喪禮弄得太嚴肅。妙的是，遺囑還是當年他如日中天時立下的。盛傳，軍方將領蘇布里烏斯．佛拉比烏斯（Subrius Flavius）私下與眾百夫長會面時——關於這件事，塞內卡本人也知情——一致同意，若尼祿死於皮索之手，則皮索也必須跟著喪命；之後，他們要將整個羅馬帝國獻給塞內卡，表彰他的正直與德行。」

#《論恩惠》

談到恩惠，塞內卡想表達的重點有三個：第一，謹慎挑選施恩對象；第二，施恩要出於善意；第三，施恩時要心懷感激與喜悅。不過，還有一些事是施恩者必須注意的，以下進一步說明。

施恩這件事，光做一次是不夠的，也不能僅僅出於同情；我們必須一再施恩，而且不能埋怨或責怪任何人。最常見的狀況，是施恩者抱怨受惠者不知感激；確實，施恩者經常隨口抱怨受惠者，讓自己感覺良好，但在抱怨之前，還是必須先衡量諸多條件。有些受惠者確實不知感恩，但有些受惠者是因為施恩者太直率、突然翻臉，才無法表達感激。

我們施恩時會斤斤計較。事實就是，我們會對「能夠報恩的人」施恩；我們也會對那些貪得無厭、野心勃勃的人施恩；也會對因為貪心且忘恩負義的人施恩，或是對從不施恩的人施恩。護民官總有一天會升上副執政官，副執政官總會升為執政官；但這些人從不回首來時路，只在乎自己的前途。人們常常計較半天，擔心自己拿不到某些恩惠，要是恩惠沒了，他們還會怪罪施恩的方式錯誤。其實，恩惠只要給得恰如其分，可以說跟祭神沒兩樣。縱使遭人欺騙，我們也千萬不能欺騙自己。樂善好施的人會安慰自己：「對方可能忘了回報、可能目前手頭緊，或許之後就會行動了。」債主只要付出耐心，就能讓惡老闆改邪歸正；只要持續釋出善意，就能消除對方的惡念。好比一塊貧瘠的土地，只要經過悉心照料、耕耘，也能肥沃起來。但只要受惠者仍心懷感激，尚未失去人性，我們就會認為行善值得。

不過，要是對方態度惡劣該怎麼辦？我們是不是要以彼之道還施彼身？別人忘恩負義，我們難道只能冷漠以對嗎？其實，施恩後沒有收到回報，完全不足掛心；但得不到回報卻繼續施恩，才顯得出胸襟之開闊。事實上，損失最多的人是受惠者，因為雖然施恩者得不到回報，但受惠者卻失了格調。神光普照世人，不分瀆神者、敬神者或正直者。我們常對妻兒感到失望，但不也始終不離不棄？打過敗仗的人，會鼓起勇氣繼續上戰場；沉過船的水手，會繼續離港出海；德高望重的人，不會期待別人報恩，只會想著自己是否盡了本分。即使舉世皆惡，我們還是得行善不輟，甚至與惡人為善。

我不一定需要收受恩惠，但卻不能不施恩於人。不報恩比不施恩更惡劣，但不施恩之惡，卻比不報恩之惡更早發生。綜觀世上，最值得敬佩的典範莫過於上蒼了：祂既不需要我們的恩惠，也對我們一無所求，但祂卻對我們關愛有加，恩澤從不間斷。祂除了回應我們的請求，又能賜給我們喜樂，例如收成與四季、雨水與陽光、水脈與礦脈，對於惡人或善人，這些事物一概會施恩，從不期待回報。既然我們都無償領受神恩了，怎麼好意思對他人錙銖必較？經常有人說：「枉費我給了某某人這麼多錢，早知道，我就把錢丟到海裡了。」不過，被劫掠過的商人還是會繼續從事買賣；賠過錢的投資人，還是會繼續投資。如果只因為沒有得到回報就不願付出，乾脆站在原地不動，什麼事都不做好了。農夫捱過了荒年，還是要繼續耕田；燒了舊屋，即使灰燼仍有餘溫，也得立刻在原地蓋新房。天底下最大的恩惠，莫過於父母對子女的付出了。父母將一切獻給兒女，不求任何回報。恩惠像種子，從播種到收割，每一個階段都不能少。我不太計較忘恩負義的行為，我只會不斷施恩。對方愛怎麼想是他的事，就算受惠者刻意不去回憶受惠當下的情境，施恩者也會跟著他一輩子。看見有所求的人，我會施恩；看見無所求的人，我會施恩；看見惡劣的人，我會施恩；看見從不付出的人，我也會施恩。我會對惡人行善，因為這是我的責任；我會回報善人，因為我不想積欠人情。

對於忘恩負義行徑的怨言，我一句都不想聽。一生只遇過一名忘恩之徒的人，不是因為運氣太好，就是為人謹慎。不過，光謹慎是不夠的；我們雖然可以避免從未施恩的窘境，但得不到回報的情形卻在所難免，再說，我們也不能因為害怕善意被濫用，就撇清自己的責任。對方不知感恩，是對方的錯，但不施恩是我的不對。誠然，我得幫上無數名忘恩負義之徒，才能遇見一位懂得報恩的人，但要是做任何事都擔心失敗、畏首畏尾，人類的文明發展就會迷失方向了。

所以施恩之前，我會儘量懷抱善意相信對方，避免少掉一次行善機會，又錯失一位朋友。對方會不會只是不知道有恩該報？他可能因為生活忙碌，忘了自己應該要報恩，或者因為忙碌分神而錯失報恩良機。這種情形，我認為是人性弱點使然：人的記憶力有限，不可能記得所有事，能記的永遠就是這些，再多便裝不下。記憶庫滿了，就必須清掉以前記過的事，以至於我們印象最深的，永遠是最近獲得的恩惠。年輕時，我們不會記得幼年獲得的恩情；長大成人之後，我們又忘了年輕時接受過的恩惠。如果受惠者什麼都記不得，即使他完全不報恩，我們不妨坦然接受。不過我們必須告訴對方絕不可以惡報德，因為這樣會連累盡責施恩的人。比方說，我絕不會借錢給死要錢的敗家子，也不會借錢給惡名昭彰的作偽證專家，因此，我絕不會向以惡報德的人施恩。

但無論如何，我們沒必要費心教訓不知感恩的人。對方如果本性頑劣，只會把我們的批評當耳邊風；即使對方並非窮凶極惡之輩，也會因為遭受指責而不再客氣謙遜，成為無可救藥的卑劣小人。此外，這種人還會趁施恩者出言不遜，指責施恩者失言。

施恩者不應該計較回報，該施恩時更不應該拖拉，因為前者煩人，後者惹人厭。有時醫生和醫護人員為了彰顯自己的療法有效，會故意拖延病人的病情，但我們不能如法炮製，不可以持續讓對方擔心、受苦。對慷慨無私的人而言，施恩是件易如反掌的事，而且施恩本身就是回報，因此，他們不會強求受惠者報恩，只要收到一點回饋，他們就會心滿意足、心懷感激。有時候，比起做出施恩的承諾，要人守諾施恩反而更難，但顯然，這也是許多友誼的常態。

在受人之託後，才能要求別人施恩；第二人也必須受人之託，才能勸說第三人施恩，讓第四人受惠。算起來，起頭的人需要施的恩最少。只要恩惠無償且無損，而且無人從中作梗，人人都會欣然接受。要知道，受惠固然可喜，但順利施恩更能讓人愉悅。只要記得己所不欲勿施於人，並時時按此原則行事，施恩必然會使人開懷。

塞內卡
論人生短暫

I.

保利努斯（Paulinus）啊，[1]大部分的凡人都愛埋怨上天，覺得上天對他們不公，因為人生太短了，而且能用的時間倏忽即逝，除了少數人之外，多數人都是等到真的打算認真過生活了，才發現生命早已步入盡頭。

其實會抱怨人生苦短的，並不限於不愛動腦的普通人，這反而是所有人的通病，即使是鼎鼎大名的人物，也免不了要怨個幾聲。正因如此，天底下最優秀的醫生才會說「人生苦短，技術耗時」；[2]也正因如此，亞里斯多德在控訴自然時，[3]才會有失智者風範。後者的說詞是，上天總是獨厚動物，給某些動物長於人類五倍、十倍的生命，[4]反觀為了追求成就而生的人類，能活的時間卻這麼短暫。

但老實說，人生並沒有那麼短，問題出在我們浪費了太多時間。上天已經夠慷慨了，光就追求成就這件事來說，只要投入足夠時間，一定能達成目標。反之，我們如果態度散漫，一味揮霍光陰，不做半點有意義的事，到最後，我們才會驚覺時間已經悄悄溜走了。

總之，我們的人生並不算短，害人生變短的都是我們自己；我們其實不缺時間，只是時間都被自己浪費掉了。打個比方，不懂理財的人一旦獲得萬貫財富，就會立刻把錢花光；反觀理財有方的人，即使起初只拿到一點點錢，都能慢慢讓數字成長。所以說，只要懂得規劃人生，就不會覺得人生苦短了。

1. 根據第十八章和第十九章的內容，塞內卡於西元四十九年左右寫下這一系列文章時，保利努斯正擔任糧務官，也就是負責管控羅馬城糧食補給的官員，其地位非同小可。一般認為，保利努斯是塞內卡妻子寶琳娜的近親，也是替尼祿效力的大官龐貝烏斯·保利努斯（Pompeius Paulinus）的父親（見老普利尼所著的《博物志》(Natural History)第三十三章，以及塔西圖斯所著之《編年史》(Annals)第十三章和第十五章）。

2. 這是希波克拉底（Hippocrates）的名言。

3. 根據西塞羅於《在圖斯庫倫的論辯》第三章中的說法，這邊指的應該是西奧弗拉斯圖斯（Theophrastus），而非亞里斯多德：「然而，據說西奧弗拉斯圖斯曾因人會死而埋怨過上天。他說，雄鹿和烏鴉長不長壽都無所謂，上天卻讓牠們長壽，反觀位居世界要角的人類，就只能活這麼一小段時間。要是人類的壽命能再長一點，便能成就萬事、充實各種知識，讓生命更加多采多姿。」

4. 此處比較的對象是人類的壽命，可參照赫西俄德在《殘編》（Frag.）中的說法：「烏鴉的壽命是人類的九倍，雄鹿的壽命是烏鴉的四倍。」

II.

我們何必埋怨上天？上天已經很仁慈了，只要你懂得如何過活，人生絕對夠長。但有人總是貪婪不知足，或是只會浪費體力做白工；有人酗酒，有人成天發懶；有人做起事來總是在乎別人的眼光，弄得自己心力交瘁；有人雲遊四海到處從商，期盼某天能發大財；有人熱愛戰爭，不是一天到晚想壓迫別人，就是為了各種險境而算計。有人甘願服侍大人物，不顧對方從未表示感激；很多人一生汲汲營營，想的都是取得別人的財富，或者抱怨自己的財產不夠多；還有很多人心中沒有明確目標，總是四處飄蕩、反反覆覆，卻又因此感到不滿，做事永遠三分鐘熱度；有些人缺乏原則，不懂做人處事的道理，在發懶和打呵欠的同時，就被命運奪走性命了。

這些事確實會發生，我向來不懷疑，就像大詩人說過的神諭式金句：「人真正活過的時間，其實不長。」[1]我們沒活過的部分都不能視為人生，頂多算是經歷一段時間而已。惡在我們四周起伏盤旋，會妨礙我們積極行動、洞察真理，讓我們成為慾望的傀儡，使我們萬劫不復。被惡吞噬的人，永遠無法找回真正的自己；就算這些人能喘口氣，也像是經歷暴風雨之後不斷起伏的深海水流，天天受到欲望挑撥，永無寧日。

我說的這些人，你以為全都是大家公認的惡人嗎？你看，人們都喜歡湊到功成名就的大人物身邊，弄得大人物反而被成就所累。對很多人來說，財富簡直是個負擔！成天鼓動三吋不爛之舌、施展權力，最後招來血光之災的人可多了！因為太常縱慾而面色蒼白也多著！為了服務成千上萬的客戶而不得閒的人更多著！總之，請你看看世間眾生，有人想在法庭上聘人幫忙說情、[2]有人到庭應訊、有人當被告、有人當律師、有人當判官，但沒有人只為自己而忙，大家的時間都耗在別人身上。想想那些鼎鼎大名的人物，你會發現，這些人的共通特色是甲替乙做事，乙替丙做事，沒有人能只為自己忙碌。有些人會怒斥上司不尊重員工，認為自己需要旁人關注的時候，上司都不看自己一眼。但如果一個人連照顧自己都沒空，有什麼資格抱怨別人驕傲自大？老實說，傲慢的大人物還真的會看你一眼，甚至花時間聽你說話，願意讓你走到他身邊，不管你有何來頭。而你呢？你何時願意關注自己、傾聽自己了？因此，不要覺得別人會對你主動伸出援手，因為連你以前伸出援手的時候，都不是為了和他人結盟，純粹是不甘寂寞罷了。

1. 這段話係某位詩人所寫，姓名不可考。這段話同樣出現在卡西烏斯引用的墓誌銘裡：Μ μ ι λ ι ν τ α θ α κ ε τ α ι β ι ο μ ν τ η τ σ α, ζ σ α δ τ η π τ.

2. 此人並非需要答辯的一方，而是在法庭上替被告說情的人。

III.

長久以來，許多頭腦一流的人都對人心相當感興趣，但他們始終看不透人心的深邃，只能不斷嘖嘖稱奇。人們不會隨便讓自己的財產被人侵占，要是發生土地疆界糾紛，雙方甚至會毫不留情，拿起石塊和武器互鬥。可是，他們卻願意讓別人對自己的人生指手畫腳，老實說，引狼入室的人根本就是他們自己。沒有人願意和別人瓜分財產，但很多人卻不在乎自己的人生被瓜分！人們總是死命守住財產，但卻不珍惜價值更高的時間，說浪費就浪費。

我很想找一群老人，對其中的某人說：「你看起來已經走到生命盡頭了。你即將邁入百歲大關，甚至早就活過一百歲了。現在，請你盤點一下自己的人生，想想這輩子在債主、情婦、金主、客戶身上花了多少時間，又花了多少時間和太太爭吵、處罰僕人、為了公眾事務在城裡東奔西走。想想你如何弄到自己生病，再想想你曾經虛度的光陰，把這些時間加總起來，你會發現，自己實際擁有的時間比想像的還少。回想看看，當你訂定了計劃，時間是否過得比想像中還快？回想你曾經獨當一面，而且面色從容、心神穩定的時刻。這大半輩子裡，你達成了多少成就？多少人曾經趁你毫不留意時，浪費了你的時間？你花了多少時間沉溺在無益的悲傷、愚蠢的喜悅、貪念、世間的紙醉金迷裡頭？你留給自己的時間還剩多少？你會發現，你連成熟都還沒就要凋謝了！」[1]

這一連串問題，究竟從何而起？你以為自己能長生不死，沒意識到自己其實脆弱不堪，甚至浪費了不少時間。你以為時間取之不盡、用之不竭，但事實上，你在為別人或其他事情奔走的時候，可能就是你人生的最後一刻。你心中有凡人的恐懼，也有長生不死的慾望。很多人會說：「過了五十歲，我就會開始過悠閒的生活；過了六十歲，我就不會再插手公共事務。」你怎麼能保證自己活得到六十歲？誰能保證你的人生會如你所願？只給自己保留那麼一點時間，根本不夠讓理智完成任務，你難道不會覺得不好意思嗎？人生都快結束了才開始過生活，實在是太遲了！這麼美好的計劃，你居然想拖到五、六十歲才做，真是個愚昧的凡夫俗子！再說，能活到這個歲數的人少之又少！

1. 意指「不成熟」。活到一百歲的人，應該要「壽高年邁才進墳墓，像麥子成熟等待收割」，出自《聖經·約伯記》第五章第廿六節，但實際上還是不成熟。

IV.

你會發現，即便是位高權重的人，都會不經意透露自己很想放鬆，寧願好好休息，也不想過飛黃騰達的生活。有時候，他們會想步下高位，最好能全身而退，因為就算世間無風無雨，也不保證好運不會轉瞬即逝。[1]

就連位列仙班的奧古斯都，這位集眾神寵愛於一身的皇帝，都希望有天能拋下公事，退隱世間。他每次說話，總是三句不離退休；雖然光說不練毫無實效，但賣命工作的他想到有天能為自己而活，也夠有寬慰效果了。

我讀過一封奧古斯都寫給元老院的信，他在信裡強調自己會光榮退休，而且會和過去一樣燦爛輝煌，不僅如此，他還寫下了這段話：「真要退休，坐而言不如起而行。只不過，退休的日子還遠得很。我現在只能期待那一天到來，但光是用嘴巴說說，期待的樂趣都沒了。」對他來說，退休顯然比任何事都重要，可惜在現實生活中無法達成，只好改用想像的。身為國君，他既得操心各種大小事務，更得肩負整個帝國的命運，但一旦能卸下權位的日子到來，他絕對會滿心歡喜。奥古斯都漸漸明白，坐鎮帝國大位是件苦差事，甚至隱憂重重。

後來，他被迫對人民、同僚、親人宣戰，在陸上和海上奪走了不少人的性命。從馬其頓、西西里島、埃及、敘利亞到亞洲，無論奥古斯都走到哪裡，戰場就開到哪裡。即使羅馬大軍已經死傷無數、筋疲力盡了，他還命令士兵到境外作戰。他想征服阿爾卑斯山，鎮壓駐紮該區的敵軍，也想將前線推進萊茵河、幼發拉底河及多瑙河，但與此同時，羅馬城裡的穆列納（Murena）、凱皮歐（Caepio）、雷比篤斯（Lepidus）、埃格納提烏斯（Egnatius）等人卻磨刀霍霍，迫不及待想宰了皇帝。奥古斯都還沒來得及避禍，家裡就出事了：他的女兒[2]和一群年輕貴族私通，關係還如膠似漆，彷彿締結了神聖聯姻，讓已屆風燭殘年的奧古斯都感嘆不已。

他身邊的麻煩人物還有保魯斯（Paullus）[3]，以及另一個安東尼與其老相好。他動手斬除這些毒瘤時，[4]雖然一併切除了四肢，但毒瘤還是會在其他部位發作。就好比體內血液太多的時候，總是會讓某處血管破裂。總之，奧古斯都一心想退休，希望能拋下工作過悠閒生活，這就是能達成人民心願的人，在內心的渴望。

1. 命運本身太沉重，讓自己不堪負荷而沒頂。見塞內卡《阿格曼儂》：「命運太過沉重／最後讓自己沒頂（Sidunt ipso pondere magna / ceditque oneri Fortuna suo.）」

2. 奧古斯都只有一個女兒茱莉亞（Julia），風評極差。她最後被奧古斯都放逐到潘達塔利亞島（Pandataria，今文托泰內島Ventotene）。

3. 西元前三十一年，奧古斯都曾對馬克．安東尼（Marc-Antony）及克麗奧佩脫拉（Cleopatra）宣戰；西元前二年，後三頭同盟之一的馬克．安東尼的次子尤魯斯．安東尼烏斯（Iullus Antonius）因為和年紀較長的茱莉亞有染，遭奧古斯都判處死刑。

4. 這個譬喻，和奧古斯都描述茱莉亞及他兩個孫子的說法很類似（見蘇埃托尼烏斯Suetonius所著之《羅馬十二帝王傳》De Vita Caesarum）：「他只會稱這些人『我身上的三個疔瘡和三處潰瘍』」（nec (solebat) aliter eos appellare quam tris vomicas ac tria carcinomata sua）」。

V.

西塞羅來來回回替喀提林（Catiline）、克羅狄烏斯（Clodius）、龐貝和克拉蘇（Crassus）等將領或政治人物服務過，其中某些人和他結了仇，有些人則和他建立了似有若無的友誼。西塞羅在朝廷內來來去去，希望能挽救國家免於崩毀，但最後，他也只能成為被洪流吞沒的一員。他掌權時忐忑不安，落難時也心神不定，一輩子不知埋怨過自己的執政官身分多少次！

想當初，他還認為當執政官很了不起，但他後來埋怨的話也有幾分道理。當龐貝大軍被擊敗，兒子試圖在西班牙境內重整軍力時，西塞羅給哲學家阿提庫斯（Atticus）寫了一封信[1]，他的用字遣詞讓人看了都想掉淚！他說：「你問我在這裡做什麼？我說，我在圖斯庫倫的豪宅裡當半個囚犯。」接著他話鋒一轉，開始感嘆起自己的前半生，他對現在的生活不滿，對未來也懷憂喪志。

西塞羅自稱「半個囚犯」，但實際上，聰明人是不會這樣自貶的，而且不管怎麼看，西塞羅都不可能是「半個囚犯」。他這個人如此自由自在，又能獨當一面、傲視群雄，將命運踩在腳下，有誰能困得住他嗎？

1. 這封信件已佚失。但阿提庫斯之所以有名，大半原因是他與西塞羅的緊密友誼與兩人之間的書信往來。

VI.

利維烏斯·德魯蘇斯（Livius Drusus）[1]是個膽大、活力十足的人。當年，他在義大利各地人民的大力支持下，試圖再次推動平民派改革者格拉古兄弟（Gracchi）的惡法，最後弄到自己進退維谷，因為他無法貫徹法案的執行，又因為法案已經開始推動了而無法裁撤。據說，他因此咒罵自己從小到大經歷的各種動盪不安，還說自己是世上唯一從小到大沒放過假的人。

其實，當年他還處在需要監護人的年紀，而且穿著小男生服裝的時候，就敢大剌剌替被告求情，讓陪審團的判決倒向被告方。大家都知道，利維烏斯有著三吋不爛之舌，有辦法逼著陪審團支持被告。太早嶄露野心的人，前途難道不堪虞嗎？不用說，小時候就愛逞血氣之勇的人，公私生活更容易陷入困境。他長大才抱怨從來沒放過假，顯然為時已晚，畢竟他從小就愛替人添麻煩、擾亂議會。他後來跌倒弄傷了大腿內側，居然就這麼死了。很多人猜他是刻意尋死，不過卻沒人覺得他死得不是時候。

當然，有些人會認為自己是天底下最快樂的人，但很多人都會抱怨自己的一生，親口說出自暴自棄的話。只是舉再多這種例子，實在沒什麼意義，因為光是抱怨沒辦法改變自己，也改變不了別人。人只要一破口大罵，就會重蹈覆轍了。

你或許能活到一千歲，但一千歲和一瞬間又能差多少？只要你的惡習仍在，給你多少時間都會被浪費。你先天享有的餘裕很快就會流逝，雖然理性能延遲時光消逝的速度，但時光終有一天會離你遠去；世間消失最快的事物就是時間，若你不懂得把握時間、留住時間、緩住時間，只是一味揮霍光陰，將其視為無足輕重或當成可招領的失物，光陰是不會等待你的。

1. 利維烏斯於西元前九十一年擔任護民官時曾通過穀物法，並准許義大利人取得羅馬籍。

VII.

但我認為，整天沉迷酒色的人也非常糟糕，這種生活方式難堪至極[1]。相較之下，幻想自己能飛黃騰達的人，至少走偏的方式相當一致。你說有些人視財如命，有些人整天怒氣沖沖，一下沒頭沒腦就發火，一下挑起不公不義的戰爭，但是，至少他們作惡的方式比較有男子氣概。反觀整天只想逞口腹之慾、發洩性慾的人，他們過得一點都不光彩。如果你仔細觀察這些人平常怎麼過日子[2]、看看他們花了多少時間計較金錢、耍詭計、擔心被人惡整、討人歡心、被人吹捧、支付或收取保證金、參加宴會（這些事甚至變成每個人的日常了），你會發現，不管這些人是善是惡，他們根本連呼吸的時間都沒有。

最後，大家都知道，什麼都摸的人，是不可能做好一件事的，即使是練好口條、念好通識教育都無法。因為人一旦分心做一堆事，每件事都只能點到為止，而且凡是硬塞進心裡的事，沒有一樣吸收得了。

真正忙碌的人，應該要忙著生活才對，生活才是最難精通的技術。想學其他技術，都不怕找不到老師指導，甚至有人小時候就出師了。人一輩子都在學習如何過活，而且更令人驚訝的是，人得花一輩子學習如何離世。很多偉人放下了紛擾，捨棄了財富、事業、享樂，一輩子只想學習如何過活。不過，其中多數人在離世前，都承認自己還沒掌握生活的訣竅，至於我之前提的那些人更不可能了。

相信我，只有偉人和能克服人性弱點的人，才能妥善利用每一分每一秒。因此，這種人的人生相當長，因為他們會善加利用每一分每一秒。他們的時間沒有一刻會被浪費，也不會被別人浪費，因為對這些人而言，每一刻都彌足珍貴，不值得拿其他事物交換。但整天忙著處理公事的人，顯然是沒時間生活的。

請你不要以為，整天忙碌的這些人，對自己的損失毫無自覺。其實，你會聽到很多功成名就的人怨東怨西，覺得應付客戶、跑法院打官司、經營大事業讓人心煩。他們會說：「我都沒辦法生活了。」廢話，你當然沒辦法生活！你被一堆人呼來喚去，完全沒心力顧好自己。你在被告、應徵者、想殺了遺產繼承人的老婦人[3]身上浪費多少時間？還有那位故意裝病，想讓貪財者覬覦自己遺產的有錢人，你在他身上浪費了多少時間？還有你所謂的呼風喚雨的朋友，其實只是把你和其他人當僕人，而不把你們當朋友，請問，你在對方身上浪費了多少時間？奉勸你一句，回想一下以前是怎麼過日子的。你會發現，你真正擁有的時間不多，充其量是一些零碎時間。

一心想握有法西斯束棒（fasces）[4]的人，等到真正獲得的那一天，又會把束棒放在一邊，嘴裡繼續抱怨「今年哪時候才會結束！」負責舉辦體育競賽的人[5]，一旦卯足全力取得了舉辦權，卻又說「比賽可不可以趕快結束？」說客被議會裡的所有與會者捧上天，全場擠滿了旁聽聽眾，排在隊伍末端的人根本聽不見說客發言，但說客卻只想著「我什麼時候才能放假？」人們經常匆匆度日，期待未來趕快到來，卻覺得當下沉重不堪。

反觀了解自己的需求，願意將時間全部投注其上，把每天當成最後一天來規劃的人，是不會只想著未來或擔心未來的。對現在的你來說，下一個小時會發生的事有何樂趣？未來發生的一切全都不是意外，該享受的早享受過了。命運女神愛怎麼出招，就隨她怎麼出招，懂得過活的人依舊能活得安穩妥當。他可以選擇替生活添加新的元素，但絕不會讓既有的元素消失，當他添加新元素時，只會像一個吃飽喝足的人，手裡抓了自己還吃得下的食物，但心裡已經不想吃了。

另外，不要看到滿頭白髮或滿臉皺紋的人，就以為對方活了很久；對方不見得活了很久，最多是在世間存在很久而已。試想，如果有人一出海就被風浪襲擊，被陣陣颶風吹東吹西，始終在原地打轉，你會覺得對方航行了很遠嗎？實際上，他根本沒跑多遠，單純是被風浪推來推去而已。

1. 原文的用詞為occupati，意指「庸碌的人」。這個詞專門用來形容俗務纏身，沒時間鑽研哲學的人。
2. 此處生動描繪了許多類型的「忙人」occupati。但原文的架構鬆散，很多人懷疑這些內容並非出自塞內卡之手。
3. 意指很多人正在覬覦老婦人的遺產。
4. 象徵高官身分的權杖。
5. 當時，副執政官負責舉辦公開體育競賽。

VIII.

每當我發現有人想佔用別人的時間，或是有人心甘情願被別人佔用時間，我都會大吃一驚。雙方只注意到自己花了時間做了什麼事，對時間本身卻毫不在乎；時間成了無足輕重的事物，任人予取予求。時間本來是世間最珍貴的事物，但人們總是輕率以對，因為時間看不見摸不著，容易被人忽視，淪為無足輕重的事物，甚至變得毫無價值。

人們一向只在乎養老金和救濟金，為了領到這些錢，大家甘願供人差遣，耗費心力服務別人。時間不被人當一回事，彷彿像是免費的東西一樣，被大家盡情揮霍。不過，當這些人生病了，或是命在旦夕時，他們才想要跪求醫生幫忙。他們就像被判了死刑，為了活命，就算傾家蕩產也在所不惜。這些人一前一後的反應，實在落差太大了。

其實，如果每個人都能像知道自己已經活了幾年一樣，知道自己還剩下沒幾年可活，豈不是會更提心弔膽、珍惜時間？自己能牢牢掌握的事物，即使價值再小，珍惜起來總是不太難；但真正不該大意的，其實是無意間就消失無蹤的事物。

然而，如果你以為這些人不知道時間多珍貴，那你就錯了。這些人會說，希望自己能把壽命分給親愛的人；其實他們早給了，只是自己沒察覺而已。但問題是，即使他們確實折了壽，最愛的人卻沒有變得更長壽，而且這些人根本不知道自己白白浪費了生命。既然沒感覺，他們也覺得無所謂。

可惜，沒有人能讓時光倒流，失去的光陰也討不回來。生命會順著時間的軌跡向前奔去，沒有倒退或停止的一天，一切都默默進行著，時間不會出聲提醒你。就算國王發號施令、人民鼓掌喝采，時間也不會為了他們而延長，只會繼續朝最初的方向行進，不會有一絲偏移或拖沓。結果呢？你的一生只會庸庸碌碌，光陰卻匆匆飛逝。很快地，死亡就會來到你面前，不管你願不願意，你都得告別這庸碌的一生。

IX.

有些人的想法真的很蠢，不是嗎？我指的是那些自以為有遠見的人。他們總是忙東忙西，想辦法改善生活品質；換句話說，他們一輩子都在為過活做準備！這些人做的計劃，都和遙遠的未來息息相關，但拖拖拉拉才是最浪費生命的行為。每拖拉一次，就相當於浪費了一天；每次想把事情拖到未來，就離現實越來越遠。人生最大的阻礙，就是一味寄望將來、等待明日，今朝卻蹉跎不前。你一心想控制由命運掌控的事物，卻不好好把握你手中的東西。你的眼光望向何方？你想朝哪個方向走？還沒發生的事，全都是未知數；還是把握當下，努力生活吧！最偉大的詩人，不也像是獲得神明指示，說出了底下這些話：

> 在凡人的生命裡，最美好的日子最先消失。[1]

詩人問：「你在拖延什麼？蹉跎什麼？如果你不把握當下，時光就溜走了。」就算你把握了當下，時光還是會照樣溜走，你必須妥善利用時間，才能與飛逝的時光搏鬥。湍急的流水不會靜靜流淌，想取一瓢飲動作要快。對於不斷拖延的行為，這幾句詩文猶如暮鼓晨鐘，而且詩人的說法是「最美好的日子」，而非「最美好的年代」。你奢望讓壽命變長，自己卻年復一年、月復一月不斷拖延，從來不將時光飛逝放在心上？所以詩人才把重心放在「日子」上，在他看來，每個日子都會瞬間消逝。

那些成天庸庸碌碌的凡人，他們生命中最先消逝的日子，難道不是最美好的日子嗎？某天，他們會驚覺自己年華老去，但他們的心智仍未成熟，可是面對這番劇變，他們並沒有任何因應之道。這些人沒料到老年步步進逼，直到自己迎面撞上了，才會大夢初醒。就好比旅人在旅途中忙著交談、閱讀、沉思，不小心迷了路，直到抵達目的地的那一刻，才會發覺旅途終結了。

不管我們是睡是醒，步伐是快是慢，當我們走在人生的道路上，時光都會飛快消逝。這樣的道理，那些庸碌人士到最後一刻才能領悟。

1. 見維吉爾之《農事詩》（Georgics）。

X.

關於這件事，我想再細分成幾個主題討論，而且我能一一提出論據，證明大忙人會覺得人生苦短。不過，優秀的老牌哲學家法比努斯[1]（他跟現在的空想派哲學家完全不同）卻表示：「我們必須使盡全力對抗慾望，不能耍花招；要擊敗敵人，就必須重擊對方，花拳繡腿一點殺傷力都沒有。話說得再漂亮都沒用，我們必須徹底粉碎慾望，不能只是捏幾下就罷手。」我認為，向慾望屈服的人必須自負成敗，但旁觀者不能光唉聲嘆氣，要替這些人指點明路才行。

基本上，人生包含了過去、當下、未來三部分。當下倏忽即逝，未來難以預料，只有過去才真實可靠，而且命運無法操弄過去，人也挽回不了過去。但可惜的是，庸庸碌碌的人連過去都掌握不住，因為他們從不回顧過去；對他們而言，過去只有悔恨，自己寧可視而不見。因此，他們從不思考自己究竟浪費了多少時間。其實，只要認真回顧過去，人的惡習全都會現形，尤其是以享樂之名包裝的惡習，問題是，這些人完全沒有面對過去的勇氣。只有抱持清明良知，願意反省自身行徑的人，才能勇敢面對過去。

無論是被野心箝制、被傲慢把持、被魯莽操控、放任叛徒為惡、被貪婪侵蝕、放任慾望肆虐的人，都必須對自己的記憶敬畏三分。記憶是人生最神聖不可侵犯的部分，是命運無從干預的部份，且與世間的不幸徹底區隔。記憶不受慾望、恐懼、病痛干擾，不會因此起伏不定，只會以寧靜的方式長存，他人撼動不了也奪不走。

「當下」所賜予我們的時間，一次最多就是一天；但「過去」不同，只要你願意喚醒昔日的記憶，整個過去就會在你心頭浮現，要求你看個仔細，放在心上。不過，庸庸碌碌的人總是沒空這麼做。內心平靜無波的人，能在人生的各個階段來去自如；反觀庸碌人士，他們的內心總有具枷鎖套著，讓他們無法轉頭回望來路，只能任由人生墜入深淵，消逝無蹤。就好比朝著無底容器裡倒水[2]，怎麼倒都倒不滿，努力注定付諸流水。同樣地，如果內心沒有明確的方向，無論投注再多時間，時間都會從心的縫隙和孔洞溜走。當下何其短暫，短暫得無足輕重，而且當下變動不居、一閃即逝，還沒出現在眼前就消亡了。當下如同蒼穹或繁星，總是不斷切換軌道運行，從不待人。庸碌人士只在乎短暫易逝的當下，但卻始終留不住當下，因為當下跟其他事物一樣，都會被硬生生奪走。

1. 哲學家法比努斯（見本書〈塞內卡：他的一生〉）是塞內卡相當敬重的老師。
2. 這是希臘神話達那伊德斯姐妹（Danaids）的故事。這些姐妹們必須待在冥界裡，朝底部有洞的容器倒水，永世不得間斷。

XI.

你想知道這些人為何無法長壽嗎？簡單來說，看看他們多渴望長壽，你就知道為什麼了！羸弱的老人會向上天禱告，希望自己多活幾年，他們會假裝自己還年輕，樂得一面自欺、一面欺騙命運。不過，等到他們體弱將死之際，他們的內心會充滿恐懼，覺得這不算是離世，而是被活活拖離人世。他們會呼天搶地，怨恨這一生傻得透頂，從沒真正活過，要是能擺脫一身病痛，今後就能過得輕輕鬆鬆。最後，他們終於反省起過去庸庸碌碌的生活，思考當年究竟做了多少白工，追著自己不愛的事物跑。

人只要別讓自己庸庸碌碌，還怕時間不夠嗎？你的時間不會被別人佔用，不會變得細碎零散，更不會淪為命運無情操弄的對象，最後無端消失或毫無用武之地。換言之，所有時間都有其價值，生命再怎麼短暫，都足夠讓人好好過活了。當離世之際到來，智者會踏著穩健的步伐果斷赴死，不會猶豫半分。

XII.

你可能會問，我心目中的庸碌人士有誰？請不要以為我指的只有那些遭狗追逐被趕出法庭的人[1]、被簇擁的支持者壓死的人、被他人仇視而死的人、為了人情而到別人家做牛做馬的人，或忙著追逐執政官錘音[2]、企圖賺取終將腐臭的醜惡利益的人。有些人在休息時也過得庸庸碌碌，就算他們已經遠離塵囂，獨自坐在別墅裡、躺在長椅上，煩惱還是源源不絕湧上心頭。我們可以說，這些人活得一點都不自在，而是庸庸碌碌[3]。

有人一閒下來，就拼命整理自己收藏的科林斯風格銅器（其中有幾尊還是天價），整天忙著清理銅鏽，這樣的人，你覺得他們的生活悠閒嗎[4]？那麼，那些整天坐在競技場（慚愧啊！這陋習明明不是羅馬的本土文化，要努力擺脫陋習的卻是羅馬人）裡，看角鬥士互鬥的人呢？那些整天用年齡和色澤替牲口分類的人呢？供養新科運動員的人呢？請問，整天坐在理髮店裡弄頭髮，連昨晚才長的頭髮都想修的人，你覺得他們的生活悠閒嗎？當他們為了每根頭髮爭執不休，你會覺得如何？理髮師可能會將他們的亂髮撥回原位、將稀少的頭髮東撥西撥，撥到額頭前，要是理髮師粗手粗腳，他們還會發怒，好像被裁掉的是自己的身體一樣呢！要是理髮師將整把頭髮剪了、把他們的頭髮弄得亂七八糟，或者沒把頭髮捲成他們想要的樣子，他們還會火冒三丈呢！難道有人寧願心亂如麻，卻不想看到頭髮一團亂嗎？難道有人寧願把頭髮修得整整齊齊，卻不想過安安穩穩的生活嗎？難道有人寧願整理儀容，卻不想當個正直的人嗎？這些在乎梳妝打扮的人，你覺得他們的生活悠閒嗎？

至於忙著寫歌、聽歌、學唱歌，硬是把天生自然的嗓音扭成慵懶的曲調、邊唱熟悉的旋律邊彈手指打拍子，或者會在肅穆哀戚的場合上哼歌的人呢？這些都是閒不下來的人，一生都在瞎忙。他們用餐的時候會如何？老天，他們連吃飯都閒不下來！我親眼看過這些人急著擺好銀盤、要可愛的小男僕把長袍的束帶綁好、眼睛直瞪著廚師剛烤好的野豬肉瞧的樣子；他們還會對小男僕發號施令，要他們東奔西跑，更會要求煮好的禽鳥要照規矩切片；當賓客醉酒吐了滿桌，小男僕們也得臭著臉擦拭穢物。這些人喜歡擺出面面俱到的優雅姿態，一心想沽名釣譽，結果，他們的生活全面染上了這種惡習，弄得連吃喝都必須裝模作樣。

至於整天被扛在轎上走的人，我也不覺得他們的日子多悠閒。時間一到，他們就非上轎出巡不可，生怕誤了時辰、壞了規矩，甚至連洗澡、游泳、吃飯都需要人提醒。他們的心被寵壞了，行為太過懶散，連自己什麼時候餓了都不知道！我聽說，這些被寵壞的人（如果忘記怎麼生活也算寵的話）洗完澡、被人抬到轎上後，還會好奇地問：「我現在坐著了嗎？」你覺得，連自己是站是坐都不知道的人，會知道自己是否還活著、看不看得見、過得悠閒不悠閒嗎？我會同情這種人，究竟是因為他們太無知，還是因為他們在裝傻，我已經搞不清楚了。他們看似健忘，卻又裝出一副記性差的模樣，好像惡習是功成名就的徽章，了解自己的行為舉止才是低賤可恥的事。想想，啞劇演員[5]花了多少心思嘲諷這些有錢人！事實上，這些演員想到的惡習還算少了，真實世界的惡習種類可不只如此。我們無從想像的惡習五花八門，但這個年代卻屢見不鮮，甚至還惡上加惡，連啞劇演員都模仿不來。世上居然有人連自己是坐著還站著都要人提醒，人為財昏莫過於此！這種人的生活毫無悠閒可言，說他不悠閒還不夠，應該說他病了，不，應該說他已經死了。能察覺自己過得悠閒自在的人，才算是真正悠閒的人。至於半死不活的那種人，連身體的姿勢都需要別人提醒，你說，他們有辦法把握活在世上的每分每秒嗎？

1. 天黑之後，看門狗會被放進法庭攻擊庸庸碌碌的辯護律師。

2. 字面上的意思是「矛」。人們會將矛插在地上，表示目前正召開公開拍賣會，出售遭政府扣押或充公的物品。

3. 參照小普利尼的《書信》（Epistles）之一：「我們的阿提利烏斯說，『寧願悠哉過活，也不要庸庸碌碌』，這句話真是既睿智又中肯。」

4. 塞內卡的原文用語是otiosi，即「悠閒的人」，他在第十四章開頭詳細定義了一番。

5. 指演出啞劇或低級鬧劇的演員。由於劇碼太傷風敗俗，這些演員常被政府訓斥。

XIII.

如果要再花篇幅談一輩子忙著下棋、打球、做日光浴的人，內容會變得很無趣。這些人說忙也非常忙，因為他們忙著享樂。又比方說，那些花時間鑽研無用的文學問題的人，大家只會覺得他們時間太多，成天在乎雞毛蒜皮的小事，但現在的羅馬卻很流行這麼做。以前，只有希臘人會有這種怪癖，他們會去計算有多少人替尤里西斯划船；是《伊利亞德》先寫成，還是《奧德賽》先寫成；這兩部史詩到底是不是同一人寫的，以及諸如此類的討論。如果你自個兒關起門來鑽研，是不會有半點樂趣的；如果你選擇公開發表心得，又會變得像學者一樣無趣。

無奈的是，羅馬也吹起了吸收冷知識的風潮。前幾天，我還聽到有人在討論哪位羅馬將軍率先做了什麼事，像是杜伊利烏斯（Duilius）是第一位打贏海戰的將軍，庫里烏斯・登塔圖斯是第一位靠大象打勝仗的將軍。這些知識對增添個人光彩沒幫助，但和國家大事倒是息息相關；靠這些知識賺不了錢，但高談闊論卻能引人注目。

雖說有人很想知道，首先讓羅馬人嘗試登船的人究竟是誰，但先不要責怪這些人，因為這題還算有意思，答案是克勞第烏斯（Claudius），人稱考德克斯（Caudex）。這個名字的來源，是過去的人會將很多船板拼成一大塊，稱作caudex；後來，「法典」這個詞也稱為codices。[1]以前，在台伯河上載貨的船隻稱為codicariae，到現在都還這麼叫。

另外，關於瓦勒利烏斯・科維努斯（Valerius Corvinus）的事，倒還有幾分意義：他是第一位攻克梅薩納（Messana）的人，也是瓦勒利（Valerii）家族第一位冠上梅薩納名號的人，因為他攻陷這座城市之後，就把城市名封給自己了。這名字臭掉之後，人們又改叫這座城市梅薩拉（Messala）。

有人可能想知道，路齊烏斯・蘇拉（Lucius Sulla）是第一個在競技場裡放獅出籠的人，以前獅子可是拴著鍊子的；有人可能想知道，國王波庫斯（King Bocchus）派過戰矛兵在競技場上對抗這些獅子。你應該不會苛責想知道這些事的人吧？

當然，如果有人想知道龐貝的事，我們也不應該責備他。龐貝是第一個在競技場宰殺十八頭大象的人：他令罪犯登場，與大象進行一場模擬戰鬥。人們還覺得他是歷代仁君之一[2]，但實際上，他卻認為殺人表演才夠看。讓角鬥士在競技場上奮戰至死？還不夠！角鬥士被碎屍萬段了？還不夠！放野獸大軍出籠碾壓他們吧！這些慘無人道的行為，後人最好忘得一乾二淨，才不會被哪個掌權者獲悉之後躍躍欲試[3]，也想仿效這種不人道的行為。唉，人因名利而盲！龐貝命令一批又一批的可憐人上場面對新環境中豢養的野獸，還命令實力天差地遠的雙方互鬥，為羅馬人獻上鮮血淋漓的表演（結果羅馬後來也血流成河）。龐貝真心覺得自己是宇宙主宰，但最後卻像亞歷山大一樣遭親信背叛，被狠毒的僕人一刀捅死；他才明白，自己的姓氏[4]再怎麼響亮，終究都是虛幻的。

我離題了，還是拉回正題吧。有些人真的會去鑽研無關緊要的瑣事，譬如剛才提到的人，就說過梅特魯斯（Metellus）在西西里地區擊敗迦太基人之後，俘獲了一百二十隻大象，還讓大象在他的座駕前帶隊，堪稱空前絕後的羅馬事蹟；此外，蘇拉則是最後一位擴張環城聖域（pomerium）的人，[5]在他之前，君王只會在併吞義大利地區後擴張聖域面積，併吞鄉下之後是不會這麼做的。

不過，知道這件事真的比知道阿文提諾山（Mount Aventine）不在環城聖域的範圍內重要嗎？有人說，阿文提諾山沒被劃入環城聖域裡有兩種可能：一，因為那是低階族群的聚集處；其二，因為雷慕斯（Remus）在此向鳥求占的時候，鳥兒完全不賞臉。還有各種真真假假的說法，但這事真有那麼重要嗎？就算這些人都是抱持善意分享資訊，發誓自己寫下的每個字都屬實，這些故事又能幫誰改過自新？能幫誰克制衝動？能讓誰變得更勇敢、公正、高尚？吾友法比努斯說，有時候他覺得寧可什麼都不追究，也比鑽研冷知識好得多。

1. 古代的法典是由好幾塊木板拼接而成的。
2. 這邊說的仁君，當然包括馬略（Marius）、蘇拉、凱撒、克拉蘇。
3. 老普利尼說（見《博物誌》第八卷），羅馬人民因為太同情角鬥士的處境，紛紛起身咒罵龐貝。西塞羅也提過這件事，詳見《致友人書信》第七卷：「最後一天，輪到大象和角鬥士搏鬥了，觀眾全都目瞪口呆，但卻感覺不到一絲樂趣；看見這一幕，大家不但泛起同情心，還發現動物和人類其實相去無幾。」
4. 指龐貝的姓氏馬格努斯。
5. 指位於城內卻無城牆包圍的空曠聖域。以往能擴張聖域的人，只有順利擴張羅馬版圖的君王。

XIV.

願意花時間鑽研哲學的人，才是世上真正悠閒、懂得過活的人。他們不甘於活在自己的時代，更希望看遍歷代，將每段歷史化為精神儲備。我們只要懂得感激，就得承認這些偉大高尚的思想家是為了全人類而生，替我們開闢人生道路。多虧了先人的努力，世上最美的事物才能掙脫黑暗，映入我們的眼簾；多虧了他們，我們才能遍覽各個時代，全無遺漏。

只要我們願意仰望偉人的心靈，幫助自己突破人性弱點的枷鎖，就能在許多時代之間自由穿梭。我們可以和蘇格拉底學習辯論、和卡涅阿德斯（Carneades）學習懷疑[1]、和伊比鳩魯學習安撫心靈、和斯多噶主義者學習駕馭人性、和犬儒學者學習超越人性。既然上天允許我們與所有時代的人為友，我們為何不跳脫短暫虛無的當下，讓自己沉浸在無涯的歷史裡，與傑出的先人為伍？

有些人成天忙著服務大眾，把自己和別人累得團團轉，當他們走火入魔，就只想往別人家裡跑，看誰家好客就拜訪誰，連遠在天邊的人都想拜訪。算計半天又跑到大城外。這樣到底能拜訪多少人？對方大概寧可躲起來睡覺、玩樂，甚至不惜撕破臉，也要把這些人趕出家門！很多人等客人等到不耐煩，乾脆直接裝忙出門！很多人還會避開賓客雲集的大廳，從不起眼的側門溜出去，搞得騙人比當面送客看起來更有禮貌。很多人可能因為徹夜狂歡，早上還在呼呼大睡，卻被自遠方來的客人擾了清夢。[2] 他們出門見客的時候，只會頂著一副惺忪的睡眼，懶懶地打著呵欠，甚至懶到連嘴唇都不想動。要是客人沒偷偷提醒個千百遍，他們還真叫不出訪客的姓名呢！

真正能有一番作為的人，應該是願意與芝諾、畢達哥拉斯、德謨克利特斯等博學之人整天為伍，或者願意親近博雅學門的其他大前輩，像是亞里斯多德或西奧弗拉斯圖斯的人。這些大前輩絕不會假裝不在家，更不會讓訪客乘興而來、敗興而歸，甚至空手而回；無論日夜，這些前輩都能和我們作伴。

1. 新學園學派（New Academy）認為，任何知識都不可能成為真理。
2. 指致意禮（salutatio），通常會在一大早進行。

XV.

他們絕不會將你逼上絕路，但會教你怎麼離世才好；他們絕不會浪費你的青春歲月，反而會用他們的壽命替你延壽。和這些人對話、來往，絕對不會讓你身陷險境，更花不了你一毛錢。你想從這些人身上得到什麼，全都隨你高興，但如果你沒把握機會利用對方，也不能怪罪對方。能夠替這些前輩效勞的人，後半輩子會多麼幸福美好啊！無論大事小事，任何關於自我的問題，我們都能向他們求助；他們能說出不帶羞辱的實話、不帶奉承的讚美，成為我們效法的對象。

我們常說，人沒辦法選擇自己的父母，你會有什麼樣的父母，全是由上天決定的；但是，我們可以決定自己想歸入誰的家門。世上不乏由高尚智者組成的家庭，你可以擇一歸入，繼承智者的名號，甚至繼承對方的財產，不必像守財奴一樣錙銖必較；而且和越多人分享財產，財產就會越積越多。你會慢慢朝永生不死邁進，漸漸不去擔心被人排擠。想延壽，也只有這條路好走——說實在的，這才是讓你長生不死的正途。榮譽勳章也好，紀念碑也好，這些野心家命人打造或親手雕出的成果，很快就會淪為陳跡，畢竟時間無所不摧、無所不毀，能逃過一劫的唯有哲學。任何時代都毀不了哲學，任何時代也都削弱不了哲學。今後，人們只會更敬哲學三分，因為近在眼前的事物容易使人嫉妒，遠在天邊的事物才能使人讚嘆。哲學家胸襟開闊，不被世俗框架所囿，只有他們能突破人類極限，將各個時代視若神明，與之往來。對於過去，他們會透過記憶追溯；對於當下，他們會妥善利用；對於未來，他們會抱持期待。他們能將所有時間融為一體，拉長自己的人生。

XVI.

但是那些忘掉過去、不顧當下、懼怕未來的人，只能過著短暫而惶惑的人生；當生命走到盡頭，這些可憐蟲才會幡然醒悟：原來自己瞎忙了一輩子。可惜一切都太遲了。

你以為這些人不常談死，就表示他們相信人生來日方長？不，他們是情緒的傀儡，總是因為內心起伏不定，只能與自己討厭的事物為伍。他們很怕死，常常期待死亡早日來臨。

這些人嫌白天太長，老是覺得時間過得太慢，恨不得立刻吃晚餐，但請你不要以為他們的人生還很長。將來，他們要是不能再過庸碌的生活，就會發現自己無事可做，整顆心七上八下，不知如何消磨悠閒時光。於是，他們只好繼續找事忙，只要一閒下來，煩躁便立刻上身。好比說，當競技場的表演日期公布了，或者距離某場表演或娛樂活動還有一段時日，這些人都會覺得不耐煩，恨不得時間快轉到表演當天。只要事情無法立刻到來，他們便會覺得度日如年。可惜的是，他們能全心享樂的時刻極其短暫，而且越是焦躁，快樂時光就越短，因為他們的嗜好總是搖搖擺擺，沒有專一於一件事上。對這些人來說，白天的麻煩之處並非太長，而是太無聊。但另一方面，他們卻又覺得夜晚太短，用來沉迷酒色根本不夠！因此，詩人才會不斷述說朱彼特為了和愛人共度春宵，於是將夜晚拉長一倍的故事，但他們太愛提這些故事，反而強化了人性的弱點。以眾神之名替人性弱點找藉口開脫，還引神明尋歡作樂的故事為例，這難道不會助長人的陋習嗎？一夜千金的春宵，他們肯定覺得太短了吧？這些人企盼夜晚到來，結果虛度了白日；他們擔心黎明將至，卻又虛度了夜晚。

XVII.

這些人享樂之餘，依舊會為了各種狀況而心煩意亂：他們一方面歡樂，一方面卻擔心「快樂時光還能享受多久？」即使是大權在握的君王，也會為了這種念頭而難過；權力越大，就越難開心，因為一想到權力有時而盡，便令他心驚膽顫。

高傲自大的波斯國王[1]曾經在遼闊的平原上部署軍隊，他知道他的軍隊陣容堅強，士兵人數多不勝數[2]，但他卻為此淚流滿面；因為他心想，再不到一百年，這支堅強的軍隊就會在世上消失了[3]。但為了這種事難過，只會加速死亡的腳步，讓軍隊更快葬身海上或陸上，或是在作戰或撤退時喪命。果然不用多久，他擔心的事就發生了。

這些人為何連享樂都惴惴不安？因為他們的動機都不實在，就跟念頭浮現時一樣搖搖擺擺。這些尋歡作樂者自以為高人一等，卻又親口承認當下痛苦萬分，對這種根基不穩的樂子，你覺得如何？再大的歡樂也會帶來痛苦，無論命運順不順遂，人都會相信命運。為了維持功成名就的姿態，我們得不斷謀取成就；為了不辜負已經實現的願望，我們得許下更多願。靠運氣獲得的事物並不實在，這種東西堆越多越容易垮，而對於注定消亡的事物，大家總是興趣缺缺。拼命取得某樣東西，卻得花更多力氣守護的人，人生真是又短又悲哀。他們賣命達成了目標，想維持卻又惶恐不安，甚至對一去不復返的光陰視而不見。舊事忙完了，新事會繼續找上門；舊期待消失了，新期待會繼續浮現；舊目標消失了，新目標會繼續冒出頭。這些人從來不想脫離苦海，只是一再改變苦海浮沉的方式。

我們是否為了功成名就，而被折磨得死去活來？謀得一官半職之後，我們就能停止賣命了嗎？不，我們還是會繼續爭取選票。我們卸下控方律師身分，就無事一身輕了？不，再來就要改當法官了。我們卸下法官職務後就沒事了？不，再來就要改當庭長了。為了管理別人的財務，我們把身體弄壞了？再來該管理的，就是自己的健康了。脫下軍靴[4]之後，馬略（Marius）就輕鬆了嗎？他再來得忙著當執政官了。昆提烏斯（Quintius）[5]想卸甲歸田，急著辭掉獨裁官職務？到時候，他還是會被徵召入朝的。西庇阿還沒磨練成大將，就得肩負擊潰迦太基的任務，他最後擊敗了漢尼拔、安提阿古（Antiochus），還將執政官當得有聲有色，甚至保全了弟弟的聲勢；但要是他生前沒拒絕，人們就會把他和朱彼特放在一起膜拜了[6]。可惜人民內鬥令他心生煩悶，加上他年輕時就不將至高榮耀當一回事，等到年紀大了，他終於能離群索居，享受獨處之樂[7]。功成名就也好，命運多舛也好，讓人煩躁的事永遠不會少，我們只有疲於應付的份。

我們最好只期待忙裡能偷閒，不要過度沉迷吃喝玩樂。

---

1. 指於西元前四八〇年攻打希臘的薛西斯（Xerxes）。
2. 對於薛西斯在色雷斯（Thrace）的多利斯克斯（Doriscus）平原上出動的軍力，一般會取能站滿一萬名士兵的土地為單位面積，再計算站滿士兵的土地有幾塊，進而估計軍隊人數。
3. 見希羅多德於《希臘波斯戰爭史》第七卷中的敘述。
4. 原文為Caliga，意指士兵穿的靴子，此處做為從軍的代稱。
5. Quintius初次被徵召時還在田裡耕作。
6. 西庇阿拒絕人們替他在朱彼特神殿中立像。
7. 這段話可能典出皇帝卡利古拉的妄想：「要是羅馬人加起來只剩一條脖子就好了！（Utinam populus Romanus unam cervicem haberet!）。」（見蘇埃托尼烏斯的《卡利古拉傳》）但塞內卡這段話用詞不精確，導致文意模糊難解。

XVIII.

所以啊，親愛的保利努斯，請你遠離人群吧。你歷經了這麼多大風大浪，現在該入港歇息了。想想你的人生路上遭遇多少波折、多少動盪，又為了公務給自己找了多少麻煩；你日夜為眾人賣命，你的美德已經家喻戶曉了，現在，請你過點悠閒的生活吧。你為國犧牲了大半人生，這都是你的青春歲月啊；現在，好好為自己而活吧。

我不是要你成天偷懶、無所事事，也不是要你待在被窩裡不下床，或像俗人一樣尋歡作樂，虛耗元神。因為這樣不但沒有放鬆效果，只會讓你比從前更加忙碌，心裡想休息，身體卻一刻不得閒。我知道你很會管帳，無論是你自己的帳、陌生人的帳、國家的帳、全世界的帳，你都能勤勤懇懇完成任務。你是備受愛戴的官員，雖然不免招來妒忌；但相信我，認真盤點自己的人生，比清點全國存糧有意義多了。

想想看，你是有能力做大事的人，但你立下的豐功偉業，卻無法幫你把人生過好；再想想，你年輕時不斷鑽研博雅知識，並不是為了某天能管理幾千單位的存糧。你的志向比這高太多了。世上不缺刻苦耐勞的人，但與其指揮純種馬扛重物，不如讓願意埋頭苦幹的牛來做吧。畢竟，誰會想讓良馬去荷重，讓牠飛奔不起來呢？再想想，你擔下這麼多責任，都是為了餵飽大家的肚子。但是，餓肚子的人聽不了勸，也不會因為受到公平對待而平心靜氣，旁人的口氣再好，這些人仍然執迷不悟。蓋烏斯駕崩後沒幾天，被圍攻的羅馬城便陷入斷糧絕境，慘烈至極；而這位君王死前，卻還揮霍公帑蓋他想要的大橋，[1]假使他地下有知，發現羅馬人居然還活著，而且存糧還夠撐一星期，他肯定會悲痛萬分。他的行徑和那位狂妄自大的異邦君王毫無二致，[2]更險些引發飢荒和人民起義，差點讓羅馬城毀於一旦。至於身負重任的糧食官，他們不但得面對從各方襲來的石塊、利劍、惡火，還得和皇上卡利古拉周旋，內心想必五味雜陳。他們只能耍點手段隱匿災情，不讓人民的罪孽浮上檯面。別懷疑，這絕對是明智的決定。就好像醫生處理某些疾病的時候，萬萬不能向病人透露病情；病人要是知道太多，反而會提前病發身亡。

1. 大橋長達三點五英哩，從巴亞一路延伸到普提歐利（Puteoli）的防波堤。
2. 指曾在達達尼爾海峽（Hellespont）興建大橋的薛西斯。

XIX.

快點找個安穩靜僻的脫俗之地歇息吧！就當作你在盤算如何從國外進口糧食，避免運貨人員故意動手腳或失職，防止熱氣或濕氣影響貨物，同時詳細紀錄貨物的重量和尺寸。要不然，就當作你在鑽研神聖崇高的學問，試圖了解上天究竟由何種物質組成、生活愉不愉悅、生活方式和外貌如何；或是探究自己的宿命，看看靈魂脫離肉體之後，上天會讓我們在哪裡歇息；或是努力追本溯源，了解世上最重的物體之所以屹立不搖、日光之所以高懸天際、火焰之所以不斷竄升、星辰之所以不斷變幻，以及各種物質之所以神奇的理由。

請你擺脫世俗框架，用心看看這些事物吧！趁你還衝勁十足，請速速步上正確的道路。當你開始過這種生活，就能培養對美德的愛好和實踐，學會放下情緒、看透生死、徹底放鬆。

庸庸碌碌的人看似可悲，但為了別人的事庸庸碌碌，配合別人調整睡眠時間和走路步調，甚至連愛恨的自由都讓別人主導，才是最可悲的。他們真想知道人生有多短暫，就應該好好反省反省，他們留給自己的時間其實少得可憐。

XX.

所以，當你看見別人天天披著官服，或是在議會裡人盡皆知，就不必羨慕對方了，因為他們要付的代價實在太大。這些人忙了一輩子，就為了讓自己的名字被用來紀年。[1]有些人才奮鬥了一輪，離目標還遠得很，感覺卻浪費了不少歲月。有些人要盡卑鄙手段，好不容易爬上高位，卻發現自己圖的只是在墓碑上留名。有些人步入了晚年卻不服老，替自己立定了新志向，但厚著臉皮拼搏了一陣，身體就撐不住了。有些訟師年紀一大把，還在幫不熟識的當事人辯護，只為了討事不關己的聽眾歡心，結果還沒打完官司就離世了，真是丟臉啊！有些人不懂得過生活，只知道拼命工作，最後弄得因工殉職，真是丟臉啊！有些人忙著收款，又不想觸怒遺產繼承人[2]，最後忙到一命嗚呼，真是丟臉啊！

我腦中還有很多例子，而且我一個都不想漏講。譬如塞克圖斯．圖拉尼烏斯（Sextus Turannius）[3]，他的勤奮人盡皆知，但在他高齡九十歲那年，卻被皇帝蓋烏斯解除了所有職務。於是他回家躺在床上，擺出已死的樣子，要全家一起弔唁他。僕人眼見老主人閒閒無事，只能跟著唉聲嘆氣，直到後來皇上將老主人復職了，眾僕人們才不再難過。

忙死自己到底快樂在哪？很多人倒是樂在其中。他們常常自不量力，好高鶩遠，即使快累癱了還繼續拼命，還抱怨自己年紀大了，很多事都做不了。超過五十歲的公民，是不會被政府徵召入伍的；超過六十歲的人，是不會被找進元老院擔任議員的。這些人不是為了守法而忙得團團轉，純粹是自討苦吃。為人犧牲奉獻還不夠，他們甚至會強迫別人犧牲奉獻，不給彼此喘息的空間，讓大家痛苦不堪。可惜，這樣的人生不會有任何收穫和樂趣，更無法讓心靈成長。

這種人從不認真面對死亡，眼高手低的習慣總是改不掉；有些人還會認真計劃身後事，思考墓碑該蓋多高、該刻上哪些豐功偉業、火葬柴堆裡該擺哪些陪葬品、葬禮該辦得多盛大。其實，他們的葬禮上應該點滿火把和燭台[4]，因為他們活過的時間實在太短了。

1. 古羅馬的紀年法。每年上任的兩名執政官的名字，都會作為該年的稱號。
2. 指繼承人遲遲無法繼承財產。
3. 此人在塔西圖斯的《編年史》中名為蓋烏斯（Gaius）。
4. 塞內卡將這些人比為夭折的幼童。羅馬人會在夜間替夭折的幼童送葬（見塞爾維烏斯(Servius)替《埃涅阿斯紀》第十一卷所下的注釋）。

塞內卡
論心緒寧靜

I. 瑟瑞努斯來信

塞內卡，每當我自省的時候，內心就會浮出某些惡念，好像一伸手就摸得著；另有些惡念則隱而不顯，感覺遙不可及。但還有些惡念不會在我自省時浮現，反而會趁我放鬆時不斷露臉，對我而言，這種惡念最煩人了：它們彷彿行跡飄忽不定的敵軍，總是會抓準時機發動攻勢，我軍雖不至於要一面作戰一面防守，但即使處於平和時期，仍免不了提心吊膽一番。

我不會將目前的處境對你和盤托出，因為我不是在看醫生；但我能向你透露，每當我痛恨的惡念浮上心頭，我還是會覺得困擾，只是還不至於讓我綁手綁腳。目前看來，我的心理狀態雖還沒墜入谷底，但整顆心卻既陰鬱又悲憤。

要說病，這其實算不上是病，但跟健康也扯不上邊。

不要告訴我「美德是嫩苗，需要耐心澆灌才能壯大」這種話，這對我一點幫助也沒有，因為我早就知道，即便是用來塑造風采的美德，像是氣勢、口才等各種迷人特質，都需要時間醞釀。不管是用來強化個人內在或外在的美德，少了醞釀過程就不可能內化。我擔心的是，當我看透了世事，惡反而會在我的內心生根。或善或惡的眾生相看多了，容易分不出人們的面目差異，這種不良心態總讓我搖擺不定：我無法一心向善，也無法徹底使壞。我不會立刻把我所有的煩惱讓你知道，但我會一點一滴慢慢透露，接著再麻煩你替我下診斷了。

老實說，我這個人習慣精打細算，我不愛華麗的床帳，對華服沒興趣，管它是珍藏箱底的衣服，還是經常以重物壓乾的閃亮服飾，在我看來都沒兩樣；我寧可用樸素便宜的東西，也懶得收藏必須費心處理的布料。就吃而言，我不需要一群佣人幫我備餐、在我身畔發出讚嘆；需要備料好幾天、勞師動眾的餐，我更不想吃。凡是方便易做的餐點，我全部都能接受，至於太冷門、太貴的餐，我實在接受不了；我就喜歡隨處吃得到，不會耗費過多人力、物力的餐，但唯一的要求是，食材不能難吃到讓人反胃。

我喜歡那些質樸無文、在我家出生長大的佣人。我父親是鄉下出身，他有一個沉甸甸的銀盤，上頭完全沒刻工匠名，但我很喜歡這個盤子。我不喜歡有圓點圖樣裝飾的漂亮桌子，也不喜歡城裡的賢達收藏過的桌子。對我來說，桌子只要堪用就好，而且最好不要吸引賓客注目，讓人眼紅妒忌。

這樣的心理狀態雖然不錯，但我又會突然想到，以前在學校曾見過行頭亮眼的小男生；我也會想起穿金戴銀的佣人，以及一群衣著光鮮的侍者。我還會想起豪宅，還有宅院裡鋪的貴重石頭、散在屋中各處的名貴器物、光彩奪目的屋頂、豪宅主人，以及幫忙主人揮霍祖產的酒肉朋友們。面對圍繞賓客的清澈流水，以及劇院級的宴席，我又該作何感想？雖然枯燥乏味，但我還是細細盤算了一陣，最後發現，我四周充斥著榮華富貴，榮華富貴盯久了，真讓我有些目眩神迷，雖然我的心把持得住，但眼睛已經舉白旗投降了。

待我回過神來，便覺得黯然神傷，雖然我的性格還沒崩壞，但我已經無法像以往一樣居臨天下，俯視我名下少得可憐的財產了。不知何時開始，我心中已經堆滿了煩悶。我不禁思考，與其堅持過簡樸的生活，回頭過富裕的生活會不會值得一點？我不會因為這些念頭改變原則，但還是覺得忐忑不安。

有時候我會聽師長的話，讓自己儘量走入人群，投身公共事務之中。我之所以想當官，甚至還當了執政官，不是因為我喜歡執政官穿的紫袍，也不是因為我喜歡隨扈手上的斧頭[1]，而是因為我想替親友、同胞、全天下的人類做點事。我打定主意遵守芝諾（Zeno）、克里安西斯（Cleanthes）、克律西普斯（Chrysippus）等先聖先賢的教誨，因為他們說，每個人都應該投身公共事務（雖然他們自己從未以身作則）。可惜我的心不夠強大，只要思緒一亂、目睹身邊發生的醜事，或者遇上重重阻礙、被迫花時間處理瑣事，我就想回頭過悠哉的生活，寧願整天待在家裡，就像牛群累了之後，都會想趕快回家一樣。我心裡會想，「這些人想佔用我的時間，卻給不出等值的回饋，想要我在他們身上耗一整天，免談。」希望我能越來越自在，不斷提升個人境界，不要整天好管閒事，希望得到別人的認同。公領域也好，私領域也好，我都希望能過得心平氣和。

但是，每當我讀到鏗鏘有力的文字，或見到令人肅然起敬的楷模，我的精神會為之一振，滿腦子想要犧牲奉獻，像是衝進法院幫人發聲，即使結局不見得滿意，我還是會儘量伸出援手。如果有律師只是僥倖出人頭地，在法庭上卻目中無人，我會想挫挫他的銳氣。但我又想到，老天啊，哲學不是經常要我們直面事物本質、就事論事嗎？哲學還說，面對語言文字時，要把目光放在被指涉的事物上，讓話語按照內心意圖說出口。「你想織出一條千年不破的布，到底所圖為何？你難道不是為了自吹自擂，讓你的豐功偉業流傳後世嗎？但人終有一死，安安靜靜離開人世，才是最幸運的死法。所以，多寫點平實的文字給自己看，當作打發時間，不需要將文字公諸於世。只要專注當下，就能少費一點心力。」不過，每當我因為充滿抱負而興致勃勃，用字遣詞就會更加誇大，志向越高，言詞越浮誇，談話頻頻偏離主題。我原本溫順而堅毅的性格，會因此變得好高騖遠，淨說些平常說不出口的話，我就不舉例了。

總之，我雖然是一片好意，話語卻漏洞百出，我很擔心自己會萬劫不復。更煩的是，我每天都過得如履薄冰，而且實際上發生的事，永遠比我所察覺的還複雜。畢竟，人往往習慣寬以待己，明明已經失去理智了卻不自知。我常常想，如果人們可以少點自傲、自欺，更多考慮別人的心情，處事就能更加圓融。事實上，奉承自己比被別人奉承更危險。有多少人願意誠實面對自己？假設某人身邊圍繞著佞臣，但即使佞臣不斷對他逢迎拍馬，真正樂於奉承他的人，不都是他自己嗎？我的心好雜亂，如果你能幫我定心，我就欠你一分恩情。我知道內心起伏沒有太大危害，不至於讓人墮入險境。事實上，我的困擾並不嚴重，可以說是航行時無風無雨，但人還是會暈船的程度。請幫助我趕跑內心的惡念，讓我飄搖的內心靠岸吧。

II. 塞內卡回信

吾友瑟瑞努斯，為了描述你的心理狀態，我已經尋思了好一陣子。最後，我想到了一個比方：有些人生了很久的重病，到後來雖然康復了，偶爾還是會覺得身體不適。這些人明明擊退了病魔，仍然會以為自己還在生病；他們即使身體好的很，還是希望醫生繼續替自己把脈。一旦身體又熱起來，他們就覺得自己要發燒了。瑟瑞努斯，這些人的問題不在於健康出狀況，而是還不習慣健康的生活。

只要暴風雨來臨，再平靜的海面或湖面都會捲起漣漪。所以你需要的，不是你說的強效藥方，也不必一下反省、一下對自己發怒、一下斥責自己；你必須認同最後獲得的成果，給自己加油打氣，相信自己走的路是對的。人們會在你身邊留下各種足跡，不要被這些交疊的痕跡左右了，因為有些人只是左繞右繞，卻始終繞不進正確的道路。

你說你想讓內心寧靜，我告訴你，這絕對是天底下最難的事，而且這種人的修為早就位列仙班了。希臘人把這種平穩的心靈狀態稱做euthymia，德謨克利圖斯曾經作過精闢的討論。在我看來，這個詞指的就是心緒寧靜。我們沒必要去精準翻譯這個希臘詞，重點是找出呼應其內涵的說法，即使字形不像也無所謂。讓內心平靜無波、永遠自適自足，並抱持喜樂觀看身邊的事物，不會雀躍過頭或灰心喪志，這就是我們的目標，也是所謂的「心緒寧靜」。現在，我們就來談談如何讓心緒寧靜。

你一旦掌握了大原則，就能套用在自己身上，但你得努力看清所有症狀的全貌，各種樣態才會昭然若揭。你還會發現，你其實沒那麼瞧不起自己，因為和那些自吹自擂的人比起來，頂多是小巫見大巫；這些人必須時時關注儀態，維持光鮮亮麗的形象，這背後的動力來源是羞愧感，而不是自由意志。同樣瞧不起自己的，還包括意志不堅、成天轉換目標的人，他們最感興趣的目標，就是自己早早就放棄的事；還包括成天打呵欠、遊手好閒的人；在夜裡輾轉反側，不時更換睡姿，讓自己累到不行才能睡著的人。

上面這些人經常改變生活習慣，即使定下來了，也不是因為厭倦改變，而是因為年紀老大，沒有心力再調整行為模式了。另外，像有些人雖然不會三心二意，但內心卻欲振乏力，因此有時意志不堅，無法以如自己所願的方式過活，只能順著習慣行事。這種毛病的樣態多不勝數，但都會讓人埋怨自己。

當人不敢追逐自己的目標，或一味空想卻不付諸行動，心緒就會搖擺不定。不敢表達慾望，或慾望空洞大到填不滿的人，通常會染上這種毛病，因為他們的心總是懸著，始終拿不定主意。他們會不計手段達成目標，甚至說服自己採取下流卻艱難的路線，如果事情無法如願，他們會頓覺受挫、顏面無光，變得灰心喪志。可是，他們不會因為期待有誤而悔不當初，只會覺得自己的癡心被人辜負。他們會為過去的行為懺悔，擔心自己故態復萌，這時候，他們會陷入浮躁狀態，不但情緒失控，更無法順著情緒做事；他們還會陷入猶豫不決的狀態，因為人生已經像是一灘死水，停滯不前；他們甚至會陷入委靡狀態，因為他們早就心死了。

有些人因為日子太痛苦，只好選擇逃避現實、埋首書堆，病情卻日益加重。對志在服務人群、精力充沛的行動派而言，埋首書堆是件令人心累的事，因為人只要埋首書堆，內心就不再有餘裕，無法體會為他人奔走的樂趣，更不敢面對自己的家、內心的孤獨、房間的牆壁，甚至連自己都看不順眼。這樣的日子令人心累，更令人喪志，一顆心永遠忐忑不安，永無寧日。這些人再怎麼厭惡空閒時間，也只能勉強自己接受。如果人不願分享內心的苦痛，一味用謙虛將所有煩惱壓在心底，慾望就會被囚禁在狹窄的角落，全無喘息空間，使人變得陰鬱恍惚。各種未竟之願更讓人心旌動搖、惶惶不安，每逢失落便灰心喪志。厭惡空閒的人會不斷埋怨無事可做，又會眼紅別人的成就。無力與愁悶會助長人的妒意，當自己一事無成，也會希望他人同樣失敗。人一旦敵視他人的成就，又自覺無法更上一層樓，就會開始怪罪命運、怨恨時光飛逝，在角落裡瑟縮自棄，直到身心疲憊不堪。

人心天生活躍，會為了興奮的事渾然忘我；心走得越偏，人越會樂在其中，無法自拔，因為這些人會不斷找事忙，對自己疲勞轟炸，如同被害者期待加害者伸手撫慰自己的傷口，還因此覺得愉悅；或像是身體奇癢難耐時，有東西能幫忙止癢都好。我可以跟你保證，這種人的慾望會像惡性潰瘍四處擴散，且以折磨自己為樂；有些痛楚確實會帶來快感，譬如靠輾轉反側折磨自己，或是藉著換睡姿醒腦，或像是荷馬史詩裡的阿基里斯，一下四肢貼地、一下四腳朝天，姿勢永遠無法固定下來。有疾之人也常做這種事，以為不斷改變習慣就能緩解不適。於是，人們開始到處遊走，四顧茫茫，即使自己正順著綿長的海岸線行走，也會一下入海、一下上陸，企圖安撫內心的躁動，平息對現狀的不滿。「我們去坎帕尼亞吧，我已經厭倦繁文縟節了；我們去野地裡走走，穿過布魯提（Bruttii）和盧卡尼亞（Lucania）的山路。」

不過身處荒野久了，看過太多郊外景色，總會想回頭看點美的事物，填一填早就被養大的胃口。「我們去逛逛塔蘭托（Tarentum）軍事基地，看看基地裡著名的港口、感受暖冬、欣賞美輪美奐的豪宅、考察歷代祖先們的蹤跡。走，回城裡去吧，我們太久沒聽見城市的喧囂了，看別人流血應該也很快樂。」這時候，我們的目標就會改來改去，眼裡的景象也會換來換去。詩人哲學家盧克萊修斯（Lucretius）說：

「人總是這麼逃避，不願面對自己。」

可是，誠實面對自己又有什麼好處？內心不是會死纏著人不放，讓人焦躁不安嗎？沒錯，所以我們必須明白一點：讓我們痛苦的不是外界，是我們自己。我們太軟弱了，不管是吃苦、享樂，還是自己或他人的事都承擔不了。有些人心猿意馬，整天原地打轉，連接觸新事物的餘裕都沒有，最後把自己搞死了。這些人會變得厭世，等到原先旺盛的熱情都沒了，他們就會問自己：「同樣的事還得做多久？」

III.

你問我，要怎樣才能耐得住這種煩悶。哲學家阿森諾多魯斯（Athenodorus）說：「最好的方法，就是多找點事做，多多參與公眾事務，盡公民的責任。有些人會在陽光下鍛鍊身體，讓自己身強體壯，譬如對運動員來說，花一輩子鍛鍊肌肉、增強肌力，對個人生涯更有幫助。你應該學習他們，多花心思參與公眾事務，寧可忙也不要整天發呆，這才是理想的生活。一個人如果有志服務同胞及全人類，無論於公於私，都會盡力替他人謀福祉，充實自己的生活。這就是一種鍛鍊自己和行善的方式。」

但他又說：「不過，當身邊的人個個野心勃勃，你太純真的話就會讓自己身處險境，反而不是好事。很多人還會引誘別人誤入歧途，這世上作梗者多，助人者少。因此，我們最好和公眾事務和人群保持距離，只要心夠高尚，在私領域中也能怡然自得。誠然，整天蝸居洞穴的獅子或野獸，沒有空間能舒展筋骨，但人類不太一樣：很多人反而到了退休之後，才開始大鳴大放。由此觀之，所謂和公眾事務保持距離，指的是能一面放鬆休閒，一面惦記著同胞及全人類的福祉，靠自己的智慧、聲量及建言發揮影響力。能投身公眾事務的人，不但能替國家物色將才、替遭指控的人辯護，更能暢談戰爭與和平理念。他們還會鼓勵年輕人行善，協助教育界的良師親近美德，阻止妄想致富的人橫衝直撞，最少也會拖慢他們的速度。這些人看似足不出戶，卻能對公眾事務做出貢獻。能定奪本國人與外國人紛爭的外事執政官也好，能在書記官協助下對兩造宣判的城市執政也好，能向兩造闡明何謂正義、孝順、耐力、勇氣、蔑視死亡、了解眾神、良知有何益處的人也好，以上三種人，誰對公眾事務最有貢獻？再說，如果你拿造福社會的時間來研究哲學，這就不算是避世，也不算是卸責。打個比方，士兵除了指守護部隊左翼或右翼的人，更包括負責看守大門的人。守門工作看似不危險，卻算不上是閒差，因為守衛不但得盯緊門口，更得看守隊上的武器。這些不會見血的差事，依然是軍事工作的一環。當你選擇投身哲學，表示你已經不再厭世，不再因畏光而盼望黑暗，也不會再扯自己或他人後腿。你會廣結善緣，與全天下的英才往來，因為再深邃的幽暗也掩不住美德的光芒，反而更突顯美德的存在。凡是配得上美德的人，都會追尋美德的蹤跡，試著接近美德。要是我們選擇離群索居，與全人類為敵，成天獨處、自言自語、無所事事，就會變得欲振乏力；於是，我們會把房子蓋了又拆，還會築水壩堵住海水，讓海水灌向天然屏障另一頭，更會虛度人人與生俱來的時間。有些人相當珍惜時間，有些人習慣浪擲光陰，有些人會邊利用時間、邊計算損益，但有些人只會恣意揮霍時間，浪費得一點不剩。天底下最丟人的事，莫過於活了大半輩子，卻只能拿年齡出來說嘴。」

IV.

親愛的瑟瑞努斯，我覺得阿森諾多魯斯太容易受環境左右，也太急著避世了。我們有時確實得遠離人群，這點我不否認，但遠離世人的腳步也不必急急忙忙，因為其實用步行的速度就夠了。如此一來，我們才護得住我軍的旌旗，在戰場上保有個人尊嚴。手持武器和敵人協商的人，更能贏得敵人的尊敬，要是不幸被抓了，也容易受到合理對待。在我看來，不管是美德本身或有德之人，在被命運完全掌控而失去行動力的時候，都不能立刻背對敵人逃跑，試圖四處尋找掩護，更不能邊揮舞手臂邊逃跑，彷彿能逃到某個不受命運掌控的角落。有德之人在接下公職之前，必須前思後想、權衡得失，研究自己可以如何報效國家。如果他已經上不了戰場怎麼辦？就給他當優質公民的機會。如果他只能在私領域拋頭露面怎麼辦？就讓他當律師。如果他被禁言了怎麼辦？就讓他當不發一語、默默協助同胞的辯護者。他連踏進廣場都有風險怎麼辦？就讓他以好同伴、忠心的友人、進退有據的客人等身分赴宴、露天看戲、飲酒作樂。如果他連公民身分都沒了，就讓他盡身為人類的本分。

我們不應該把心困在城市裡，而要周遊列國、與人來往，當個世界公民，讓心胸更加寬闊，更有餘裕實踐美德。如果你沒資格當法官，不能和發表競選演說的人交流，甚至沒資格參選，又該怎麼辦？那麼，請你不要眷戀羅馬，外面的世界很大，還有很多適合你待的國家。你不可能沒有實現抱負的舞台，路不會越走越窄。要知道，你會處處碰壁不全是你的錯，除非你是執政官、普里塔尼斯（Prytanis）[2]、美迪克斯（Meddix）[3]或索菲斯（Sufes）[4]，否則你是不用費心掌握國家大事。如果你當不上將領或軍事護民官，就拒絕從軍服役，又該怎麼辦？今天，你不見得會在第一線打仗，可能會和其他老兵被排在第三線，但你還是可以盡力發聲、鼓舞士氣、以身作則、實踐意志，做你該做的事。就好像雙手被砍的士兵，只要他仍舊堅守陣地，盡力鼓舞鄰兵的士氣，就能助同袍一臂之力。你可以用類似的精神處世：如果上天要你退出第一線，請你堅守陣地，替同袍加油打氣；如果有人要你閉嘴，你還是可以堅守陣地，默默協助鄰兵。無論情勢如何，我們都能善盡公民職責，不管是透過言行、表情、手勢，靠沉默而堅定的態度，甚至光憑走路的姿態，都能做出貢獻。好比某些藥方的氣味、味道、觸感，都同時具備療效；美德也是一樣，即使位在遠處或隱而不顯，依舊能發揮影響。不管能否自在遊走、主張權利，或是不得擅自離境、揚起船帆，甚至被迫無為、禁言、囚於斗室或拋頭露面，美德都能發揮影響力。等等，你覺得能高尚享樂的人沒半點價值？其實，當人迫於命運或政府禁令無法任官，又能夠平衡休閒和工作，才是最理想的狀況，因人必然找得到方法行善，不會無計可施。

V.

世上有幾座城市像雅典一樣，曾經被三十名暴君蹂躪過？有一千三百位傑出公民因暴政而死，暴君們卻從不罷手，越殺越起勁。雅典有舉世聞名的亞略巴古法院（Areopagus），法院除了有元老院，還會召開類似元老院的人民大會；不過，每天與會的都是殘暴的屠夫，可憐的元老院，裡頭全擠滿了暴君。這座城邦的暴君多如牛毛，少了他們，市民肯定更輕鬆自在，也正因如此，許多人根本不敢想像有一天能過得自由自在，遑論對付這些惡人了。究竟要到哪一天，這座城邦才能募集全天下如哈摩迪烏斯（Harmodius）這樣的抗暴勇士，把這些暴君殺個精光？

還好，雅典出了一位蘇格拉底，他試著安撫垂頭喪氣的元老院議員，替對共和政體絕望的人加油打氣，更大力譴責惜財如命的富人，要他們為自己的貪婪懺悔。後來有很多人奉蘇格拉底為楷模，因為即使雅典遭三十名暴君蹂躪，蘇格拉底還是照樣在城裡穿梭，如入無人之境。可惜，雅典人卻將蘇格拉底囚禁至死，至於那些敢嘲諷暴君的人，也無法靠著自由保住小命。

但你也應該看得出來，就算身處被高壓統治的城邦，聰明的人還是找得到機會出頭。這座富庶繁華的城邦充斥著貪婪、妒忌，以及成千上萬種齷齪行徑，在在使人們誤入歧途。因此，我們必須根據城邦及命運等條件，判斷究竟要挺身而出影響世人，還是乾脆避世隱遁。但無論如何，我們都得有所作為，不能因恐懼而裹足不前。我說，面對各種威脅和險阻，卻能堅守美德絲毫不退的人，才是真正傑出的人才。不過，自保不等於退縮避世。一代名將庫里烏斯・登塔圖斯（Curius Dentatus）說他寧死也不苟活，我認為這句話說得很好。世間最大的惡，就是在死前自絕於塵世。即使你剛好活在不易報效國家的時代，也該多放鬆、多讀書。這麼一來，就算你的人生危機四伏，也還是能稍稍喘息，在公眾事務疏遠你之前，就自己主動遠離公眾事務。

VI.

但是，我們必須先徹底認識自己，接著釐清自己未來的計劃，然後才能考慮自己究竟是為了誰執行計劃，或需要與誰合作。

人生最要緊的事，就是隨時認清自己的能力極限，因為我們常常高估自己。有些人滿口天花亂墜，卻總是言行不一；有些人財力有限，卻常做超出財力範圍的事；有些人身體虛弱，卻老做繁重的工作。其實，有些人天生臉皮薄，不適合從事需要厚臉皮的公眾事務；有些人太執拗，不適合進法院工作；有些人管不住脾氣，受點小刺激就口無遮攔；有些人喜歡故作聰明，愛講容易冒犯人的笑話。這些人最好多休息、少工作。自以為是又沒耐心的人，最好少涉足能自由發言的場合，以免自毀前程。

其次，我們必須審酌事態輕重，衡量自己是否應付得來。人的能力如果跟不上工作負荷的要求，就會被事情壓垮。有些小事會橫生枝節，這時，我們要懂得推掉工作，不要弄得雜務纏身。另外，我們也不應該涉入無法隨時脫身的任務，記得要盡力而為，至少要執行看似能完成的任務。有些事會越滾越大，讓人無法見好就收，這種事最好不要碰。

VII.

我們還得謹慎擇友，想想值不值得為對方奉獻青春，會不會浪費自己和對方的時間。

有時我們幫了別人的忙，卻被對方視為天經地義。哲學家阿森諾多魯斯說：「我討厭跟不懂感激的人吃飯。」有些人喜歡用請吃飯的方式還人情，卻又擺出一副施捨財物的模樣，我認為，阿森諾多魯斯絕不可能和這種人吃飯。這種人沒了舞台，就唱不了自大的獨角戲了。

你必須想清楚，自己究竟比較喜歡積極行動，還是喜歡靜靜地推敲思索；你也得摸清自己的天賦，做能發揮個人才能的事。比方說，希臘演說家伊索克拉底（Isocrates）曾建議他的學生、後來成為歷史學家的埃佛魯斯（Ephorus）遠離議會，因為他認為埃佛魯斯比較適合編史書。勉強別人做不擅長的事，對別人一點幫助也沒有，因為違抗天性只會徒勞無功。

但老實說，擁有能同甘共苦的摯友，真是世間最快樂的事。你可以安心向對方傾訴各種秘密，不怕對方摸透你的習性，甚至比面對自己的良心還輕鬆；和朋友聊天能夠紓壓，對方的建議還能助你一臂之力，達成目標；朋友的熱情能化解你的苦悶，讓你一看見對方就開心！這不就是種福氣嗎？

要交朋友，就要結交不容易被慾望左右的人。惡習容易互相傳染，而且來源往往是身邊的人，誰沾上惡習誰就倒楣。好比瘟疫流行時，我們最好離患者遠一點，要是太靠近對方，不斷吸入對方呼出的空氣，就有可能染上瘟疫。同理，交友時要摸清對方的個性，最好能和不受塵世玷污的人來往，畢竟，當健康的人和患者走得越近，疾病就越容易散播。

話雖如此，我不是叫你去認識智者，一天到晚黏著對方就行；如果幾百年來都鬧智者荒，你哪可能隨隨便便就遇到智者？與其想認識完人，不如多和缺點最少的人來往。朋友再怎麼挑，都比不過從柏拉圖、色諾芬、蘇格拉底的後代當中尋找益友；如果你有幸認識小加圖（Marcus Cato）時代的人，這裡頭人才濟濟，方便你好好從中挑選（不過，這時代作惡的小人也是史上最多，畢竟要是沒有惡人當做善人的對照組，小加圖就無法聲名遠播了；而且，小加圖一方面需要善人幫忙背書，另一方面得和惡人做對比，才能襯出自己的不凡）。

時至今日，善人可說是滿街跑，你可以稍微降低標準，不用挑三揀四。但請你遠離愛計較、愛抱怨的人，就算這種人對你再好，你也會被對方的尖酸與哀怨弄得心神不寧。

VIII.

現在，我們來談談財產，也是人們最大的煩惱來源。你會發現，比起其他煩惱，像是死亡、病痛、恐懼、悔恨、咬牙受苦、拚死拚活，金錢帶給我們的痛苦大太多了。

試想，打從一開始就身無分文，這樣豈不是比「有錢卻失去財產」還輕鬆嗎？追根究柢，人想留住的財產越少，受的折磨就越少。如果你以為有錢人比窮人更能輕鬆面對財物損失，那你就大錯特錯了；對人類而言，傷痛都會引發同樣的痛感，跟一個人的身形大小無關。哲學家畢翁（Bion）說得好：「人只要被扯頭髮，無論頂上無毛或毛髮濃密，感受到的痛苦都一樣。」所以不用懷疑，對富人和窮人來說，損失財產都令人心痛。無論財力強弱，物主都和個人名下的財產牢牢相繫，不可能對損失無感。

但我也說了，寧願不去積累財富，也不要損失財產，這樣才能過得更輕鬆。你會發現，從不受命運女神眷顧的人，反而過得比被女神放棄的人開心。心靈強健的哲學家第歐根尼斯（Diogenes）[5]覺察這一點，他就努力讓自己身無分文，省得別人覬覦自己。你可以在他身上貼各種難聽的標籤，說他窮酸、落魄、空虛，只想著和金錢保持距離，但在我看來，第歐根尼斯已經過得夠愜意了，除非你知道有人能不在乎得失。世上的吝嗇鬼、騙子和搶匪何其多，第歐根尼斯卻能全身而退，這難道不是一種帝王風範嗎？認為第歐根尼斯悶悶不樂的人，應該也會覺得長生不死的神祇們過得很悶吧？因為神祇沒有田、沒有花園，更沒有能出租的房地產，甚至從沒出借過大筆金額。你這麼拜金，難道都不會不好意思嗎？抬頭望望宇宙吧：你會發現，神祇手上是沒有恆產的，但身無分文的祂們，仍然願意無私奉獻。你覺得，一貧如洗的第歐根尼斯跟窮光蛋比較像，還是跟長生不死的神明比較像？

還是說，你覺得替龐貝做事的自由人德梅特留烏斯（Demetrius）比較快樂，因為就算別人知道他比龐貝更有錢，他也無所謂？你知不知道，龐貝每天都會拿著一張僕人名單，像將軍點名一樣欽點僕人？其實，德梅特留烏斯最多只值得擁有兩名下屬，再加上一間比僕人房大一點的監牢而已。反觀第歐根尼斯，替他做事的唯一一名僕人還逃跑了，可是僕人被逮到之後，第歐根尼斯卻不想強押對方回府。他說：「如果僕人曼涅斯（Manes）不必靠第歐根尼斯就能活下去，但第歐根尼斯卻不能沒有曼涅斯，第歐根尼斯豈不丟臉丟大了？」在我看來，第歐根尼斯的真心話是：「命運啊，不要纏著第歐根尼斯不放，我早就一無所有了。你說我的僕人跑了？他不是跑了，而是自願離開我投奔自由。」

當你有滿屋子的僕人，你就得供應他們吃穿，也就是要餵飽他們，幫他們添購衣服，還得提防他們手腳不乾淨；有些僕人討厭我們，有些僕人整天只會哭鬧，但我們還得想辦法繼續獲得這些人的服侍。

天底下最快樂的人，不就是那些什麼都不欠別人的人？他們同時還能輕鬆割捨自己身外之物。雖然我們的心志不像這些人一樣堅強，但我們還是要儘量降低自己的財產，免得遭受財產的折磨。能穿得下盔甲的人，會比魁梧到套不進盔甲、讓自己暴露於受傷風險中的人，更適合上戰場。最理想的財務狀態，就是略有財產而不貧窮，但也非富足。

IX.

只要我們懂得精打細算，即使財產少得可憐，也能過得自適自足。不習慣精打細算的人，永遠會覺得錢不夠用；其實，錢不夠用不是大問題，只要養成精打細算的習慣，就能從窮人變富人了。我們最好少炫富，衡量事物價值時不要光看華麗包裝，更要觀察其本質。肚子餓了才進食、口渴了才喝水、滿足性慾必須適可而止；此外，我們要練習活用四肢，按前人傳統打扮、過活，不要一味模仿新奇卻膚淺的人事物，更要認真學習自律、克制豪奢自負的念頭、控管情緒、不歧視窮人、練習精打細算——即使許多人認為精打細算是件丟人的事。不要花大錢滿足慾望，請把所有妄想和野心都鎖在心底。不要期待命運會替你生財，凡事靠自己最好。

厄運會用各種奇怪的方式捉弄人，和厄運對抗必輸無疑，就好比出海航行時，風帆再大都擋不住強風。凡事不要大規模鋪張，免得被命運放的冷箭所傷。也唯有如此，我們才能將小厄化為助力，或靠小厄化解大厄。

若我們不肯聆聽忠言建議，若溫和的措施無法使我們的神智恢復清醒，那麼不妨讓自己經歷貧窮、恥辱、破產，或許有助成長。原因是一惡能制一惡。記得告訴自己，用不著讓全羅馬人圍觀我們吃飯，僕人不用請那麼多，房子不用住那麼大，身上的衣物發揮原先的功能就好。省力的內圈，永遠是該選擇的正確道路，這點無論是賽跑也好、賽馬車也好、人生競賽也好，道理都是一樣的。

甚至最適合文人雅士的買書行為都要適可而止，因為徒有滿屋藏書，卻連書名都沒空讀，又何苦在家裡放一座圖書館呢？要讀的書太多了，如果沒有老師帶讀，會很難學習書中精華。這時候，與其遍覽諸子百家之作，不如挑幾個人的著作精讀。

昔日亞歷山大港圖書館失火，曾經焚過四萬本書，有些人可能視這些藏書如皇家珍寶，對其讚譽有加，像李維這個人就是這樣。李維說：「歷代諸王的品味與眾不同，又願意悉心保養藏書，這些著作才能留存至今。[6]」但我覺得，這無關品味或保養，純粹是知識分子附庸風雅罷了；唉，其實這些人根本算不上知識分子，他們藏書不是為了閱讀，只是想做表面功夫，就像很多人明明比僕人還蠢，卻不想努力讀書精進學問，只愛在餐廳裡擺書當裝飾。藏書是好事，但最好不要靠藏書做表面功夫。你說，花錢買書比買哥林多城（Corinthian）風格花瓶和畫作有氣質多了。其實你錯了，因為凡事過猶不及。如果有人打算買象牙和柑橘木書櫃擺書，卻只收藏鮮為人知或臭名在外的著作，甚至坐在書堆中猛打呵欠，除了書名，對書的內容一概不感興趣。你對這種人作何感想？你要如何替對方開脫？到懶人家走一趟，你會發現他們的書架上全是演說家和歷史學家的著作，從書架頂板一路堆到天花板。在這個年代，家中的藏書已經跟冷、熱水管一樣重要了。對於真心熱愛文字而坐擁書山的人，我還有理由替他們開脫；但在大多數人家中，那些附有精美插圖的經典名著，其實只是用來裝飾牆壁罷了。

X.

不過，假使你的人生相當坎坷，還不知不覺陷入各種困局，完全脫不了身，這時，請你想想那些拖著腳鐐被囚的人。他們起初會覺得雙腿沉重難行，但過了一陣子，只要自己不再為腳鐐愁眉苦臉，選擇敞開心胸接受腳鐐，就能放下擔憂輕鬆以對。

生命每個階段總有輕鬆有趣的時刻，但前提是你願意看淡世間的惡，不讓自己嫉惡如仇。人活著就是要受苦，但感謝上天讓我們能習慣一切，漸漸視不幸如無物，甚至將窮兇極惡之事拋諸腦後。再說，如果不幸事件的威力從頭到尾始終如一，那麼任誰都抵擋不了。所有人都為命運所縛，只是有些人的腳鐐鬆，而且材質是黃金，有些人的腳鐐緊，材質是次等金屬。但話說回來，這兩種情況有差別嗎？每個人都身陷同一張網羅，連束縛我們的人都逃不出網羅，除非你覺得腳鐐移到左腳會變輕。有些人被公事纏身，有些人被財富拖累；有些人為盛名所苦，有些人不堪出身卑微；有些人必須聽命於人，有些人只須忠於自我；有些人被放逐後只能蝸居一處，有些人則因受封祭司而終老一地。人生就是一場奴役之旅，願每個人能接受自己的命，好好把握生命中美好的事物，無須怨天尤人。

世間絕沒有什麼事情是壞到極處，甚至連一顆公正的心都無法在其中尋得安慰。空間再小，只要劃分得宜，也能作為各種用途，當居所也不成問題。運用理性面對難關，就有機會打破僵局，拓寬原本狹窄的空間；用對技巧，原先沉重的壓力就有可能變小。

另外，千萬不要恣意放縱慾望四處蔓延，雖然慾望不會甘願受到我們的挾制，但我們可以把慾望侷限在我們身旁。我們要懂得放棄追求不可能發生的事，放棄那些必須克服重重阻礙才會成就的事，儘量為觸手可及的目標努力；同時不要忘記，事物乍看外型各異，但內在都同樣空虛渺小。高官沒什麼好羨慕的，因為要攀上高位的路途實在陡峭坎坷。反之，當人受命運捉弄而被迫任官，如果能保持謙遜的態度，將財產縮減到一般人的程度，就能安然無恙了。很多人一輩子只能待在高位，因為他們想回到低處就只能用滾的。不過他們會說，向別人負責才是最沉重的擔子，結果他們完全不是登上高位，而是被釘在高處。願他們能秉持公義、寬容和善，用自由開放的手護住自己，不讓自己滾落斜坡，並隨時牢記這個目標，讓自己居高位而不憂。這條路布滿了期待與擔憂，想要心安，只能靠自己不斷限縮目標，不要讓命運有機會和我們作對；我們想停就停，不必被迫止住腳步。原本被克制的慾望，這時反而會讓我們活力十足，不至於茫然不知往何處去。

XI.

以上這些道理，對心智不成熟的平凡人有幫助，但對聰慧的人完全不適用。因為聰慧的人自信十足，走路總是抬頭挺胸、毫不畏縮，敢直接和命運硬碰硬，不會任其擺布。聰慧的人對命運無所畏懼，因為在他們看來，舉凡僕人、財產、官位，或是自己的身體、眼睛、雙手，以及各種讓生命更加珍貴的事物，甚至是自我本身，都不是能擁有一輩子的東西。對聰慧的人來說，這些東西跟借來的沒兩樣，一旦出借人想把東西討回去，他們完全樂意歸還。但聰慧的人也不會看輕自己，因為他們知道自己的主人不是自己；他們會畢恭畢敬，細心努力地完成個人任務，就像保管別人的財物一樣。必須交還財物時，這些人不但不會責怪命運，反而會和主人說：「感謝你託我保管財物，我讓你的錢越滾越多了，但既然你想把錢要回去，我十分樂意還你，而且我心懷感激。如果你還想託我保管東西，我會幫你；如果你改變心意了，我會把錢換算成我擁有的精美銀幣、房產、僕人，再全部還給你。如果上天想討回寄放在我們這的東西，我們也要對上天說：『拿走我的靈魂吧，比起你當初交托給我的時候，此刻我的靈魂已經變得更好了。我不逃避，也不遲疑，你若想把東西拿回去，我會立刻交還。我一點都不在意。』」

回到你自己出生的地方，這有什麼難的？人若不曉得如何善終，就不可能把現在的生活過好。因此，別將你的靈魂看得太重，請將這項財物的價值拋諸腦後吧。西塞羅說：「我們最討厭看到競技場角鬥士賴活，能視死如歸的角鬥士，才會受人青睞。」要知道，人的處境都差不多，而且會因為太怕死反而一命嗚呼。命運總愛袖手旁觀，樂得邊看我們搬演生命大戲，邊說：「你這懦弱的低賤生物，我幹嘛饒你一命？我要在你身上多砍幾刀、多戳幾個洞，因為你不夠硬頸，脖子一被刀架著就怕。如果你能任人宰割，脖子連縮都不縮、不用頭撞開刀子，反倒可以活得更久，而且死得更乾脆。」凡是怕死的人，都無法活出人應有的樣子。人如果打從降生就能明白這樣的宿命，必能意志堅定地按宿命過活，不會遭逢任何意外。

只要事先想像未來種種，就能降低惡所導致的不快，懂得未雨綢繆的人，不會因為惡而內心動搖；只有從不思考惡為何物、只會享樂的人，才會被惡弄得心煩意亂。疾病、拘禁、災難、大火，全都稱不上什麼意外，我始終明白，上天會讓我遭遇各種混亂局面。死亡總在我身旁虎視眈眈，英年早逝者紛紛被抬上棺材架，在火炬和蠟燭圍繞下，一次次經過我家門前。屋舍倒塌的聲響，常在我耳畔迴盪；我在廣場、議會、社會中熟識的人，很多都在夜裡溘然長逝了，使我們的友誼劃下句點。我身邊永遠布滿重重危機，就算我被襲擊了，又有什麼好意外的？在出海前，誰不會想到海上可能會有暴風雨？就算某個作家的文筆再差，只要他寫出一兩句值得借鏡的話，我依舊會大方引用，不會覺得害臊。普布里烏斯（Publilius）是位傑出的劇作家，無論是喜劇或悲劇創作，其他劇作家都難望其項背。他不會為了取悅一般人，而一味譏嘲世間的荒誕；他寫下的字字句句皆富含深意，已經超脫悲劇或喜劇的平均水準了。他曾在劇本裡寫過這麼一句話：

「別人的慘劇，都可能發生在我們身上。」

請將這句話銘記在心，仔細觀察他人遭遇的種種不幸，同時不要忘記告訴自己這些在所難免，如此一來，我們就能未雨綢繆，做好迎接挑戰的準備。

你說：「我才不覺得自己會遇到這種事。你真的相信這種事會發生？」但，這種事為什麼不會發生？天底下有人能享盡榮華富貴，一輩子免於三餐不繼、沿街乞討的窘境嗎？皇帝的紫袍、占兆官（augur）的手杖與貴族的韁繩，有哪樣能流芳千古，不會被視為抹布逐出家門，甚至弄得自己惡名昭彰、遺臭萬年？天底下有哪個國家，被暴君和屠夫蹂躪過後還不會毀滅？不用太久，這些事情就會發生了；從登上王位到卑躬屈膝為止，最短可能只有一小時。要知道，生命每個階段皆倏忽即逝，別人遭遇的事，可能也會發生在你身上。

就算你再有錢，你比得過龐貝嗎[7]？但他的親戚蓋烏斯[8]卻邀他入宮，讓他無法繼續穩坐王位，弄到最後身上連麵包和水都沒有。即使龐貝握有再多領土，擁有許多奔向大海的河流，他卻不得不向人討水喝。他在親戚的宮中餓死、渴死了，子女還得拜託人替沒得吃喝的父親公開辦喪事。既然你擔任過不少官吏的職位，請問，你的職位會比當年權傾一時的權臣塞揚努斯（Sejanus）重要嗎？會更複雜、更始料未及嗎？別忘了，他後來被元老院當眾羞辱，當天馬上就被人們碎屍萬段，劊子手想將他的屍首拖到台伯河[9]，卻連能拖的屍塊都找不到，而他可是曾經集上天與人類寵愛於一身的人。若你已經是帝王了，我不會叫你去學古代帝王克羅伊斯（Croesus）或朱古達（Jugurtha）這些人。克羅伊斯活著的時候，曾被架上點燃的火堆，卻又成功逃過一劫，親眼見證要燒他的火焰熄滅；他的國被滅了，自己反倒免於一死。至於朱古達，雖然羅馬人曾經怕過他，但他也被當成俘虜看待。而且我們都知道，不管是非洲的托勒密（Ptolemaeus）王，還是亞美尼亞的米特里達提斯（Mithridates）王，都只能聽從蓋烏斯[10]的衛兵指揮。托勒密最後落得被放逐的下場，米特里達提斯則是寧願自請放逐，也不要讓自己丟臉。在動盪的變局裡，不未雨綢繆的人只能任由逆境擺佈，但只要懂得事前應變，就能不受逆境威脅。

XII.

再來，請切記不要為無益的事物白費力氣。我的意思是，不要為不可得的事物汲汲營營，更不要在得償所願之後，才發現自己的期待不切實際，不是努力了半天卻徒勞無功，就是成果與付出不成正比。確實，人們的痛苦不但來自庸碌一生，也來自羞於承認自己的成就。

千萬不要像大多數人一樣，成天到不同人家裡串門子，甚至一下跑劇院、一下跑市場，而且這些人總是愛管閒事，感覺忙得不可開交。哪天你看見他們走出家門，你可以問問他們要去哪。對方會說：「我哪知道，我只是想看看人，找點事做。」他們往往漫無目的，四處晃蕩，看到什麼就做什麼，但都不是他們真心的願望。他們很像胸無大志的螞蟻，從樹叢底下爬到樹頂又爬回地面，從頭到尾除了爬樹，什麼收穫都沒有。很多人就這樣渾渾噩噩過了一生，所謂庸庸碌碌，莫過於此。這些人可能會四處亂竄，好像家裡失火一樣，讓人看了就可憐。他們走到哪、擠到哪，自己匆匆忙忙不夠，還會拖別人下水；他們會去找懶得搭理自己的人串門子、參加陌生人的喪禮、上法院旁聽常受審的人接受審判、出席常結婚的人的婚禮。他們會跟在別人的轎子後面走，甚至會主動去扛轎。他們累了一整天，回到家之後什麼都不做，只會強調不知道自己為何要出門，不記得整天去了哪；隔天，他們又會走回老路，四處遊蕩。

記得，做事一定要有目的，眼前永遠要有目標。這些人之所以忙得暈頭轉向，不是因為工作堆積如山，而是因為念頭雜亂無章，弄得自己失去理智。其實，他們還是會期待自己有所成就，只是太容易被表象煽動，再加上心緒飄忽不定，參不透表象，根本幫不了自己半點忙。這些人甚至跑到大街上人擠人，頂著空空的腦袋在城裡閒晃。白天一到，他們就算沒事也會自動出門，一會挨家挨戶串門子，一會和負責通報賓客姓名的人打招呼，再被一堆人拒於門外。到頭來，最不常待在家裡的就是他們自己。這壞習慣一旦養成，就會化成世間數一數二的惡：這些人會整天東家長、西家短，老想探聽各種公家和私人內幕，包括許多可能讓自己遭受池魚之殃的秘密。

XIII.

我想，這就是德謨克利圖斯說的：「過得平靜的人，不該攬太多公事和私事在身上。」當然，他說的是沒必要做的事。若是該做的事，無論是公事或私事，都會讓我們忙得不可開交。但要是我們沒有正經事好做，最好保持沉默，不必多嘴，因為太忙碌的人被命運玩弄於股掌之間。請不要三不五時去試探命運，記住，命運永遠如影隨形，只是不見得始終不變：只要前方沒有任何阻礙，我就會出海；只要前方沒有半點困難，我就會出任執政官；只要沒出差錯，我的投資計劃就會順利達標。因此，人們才說「智者與意料之外的事無緣」。這句話的意思，並不是智者可以免於機遇的宰制，或者萬事的發展都能如他們所料；而是指智者不會重蹈覆轍，以及事情會依他們思考過的模式發展。另外，智者會做好計劃受阻的心理準備。人只要放下戰無不勝的心態，當期待落空時，就能少受點痛苦了。

XIV.

再過來，我們必須讓自己隨遇而安，不要對命運太過執著，儘量朝天命指引的方向前進。即使人生目標或處境有所變動，我們都無須掛心，重點是別讓自己反反覆覆，因為這是人最難克制的惡習。人要是固執起來，內心肯定忐忑不安、難以愉悅，而且經常要和命運硬碰硬。當自己變得更加反覆無常，就越難達到自律的境界，只會覺得內心充滿忐忑與不悅。這兩種心態對放鬆百害無一利，既無法改變外在情勢，也只會讓自己成天抱怨。

我們必須將注意力從外界移回內心，努力關注自己、相信自己、取悅自己、讚賞自己的成就。不要干涉別人的事，顧好自己最重要，也不要因失落而頹喪，無論遭遇什麼困難，都要保持正向樂觀的態度。

斯多葛學派的掌門人芝諾，某次聽說載著他財物的船沉了，所有貴重物品付諸東流。但他卻說：「命運要我在哲學的道路上少背點東西。」某個暴君曾威脅古希臘的數學家西奧多魯斯（Theodorus）不聽話就處死，而且死無葬身之地。但西奧多魯斯卻說：「您開心就好，我全身上下一半的血液都由您掌控；至於埋葬，您如果認為我會在乎葬身之地，或者會在地面上或地面下腐爛，那您就太天真了。」

尤里烏斯．卡努斯（Julius Kanus）是個了不起的人物，即使他生於本世紀，也值得我們敬佩。有很長一段時間，他和皇帝蓋烏斯都處得不愉快，他決定離開宮廷時，蓋烏斯這位號稱古代大暴君法拉里斯（Phalaris）再世的皇帝表示：「少做白日夢，我已經下令要處死你了。」卡努斯聽了便答：「感謝您，王子殿下。」我不確定他這句話有何用意，因為從很多角度來看，他的行為都算合理。他究竟是在責備對方，把賜死視為善舉以襯托對方的殘暴，還是在批評對方瘋癲的習性（但其實，很多人的子女被處死、財產被充公，卻還是會感謝蓋烏斯）？還是他甘心赴死，視之如解脫？

但無論他的真意為何，這句回應都很大器。有人認為，卡努斯這樣一說，蓋烏斯說不定就會饒他一命。但卡努斯根本不怕死，蓋烏斯也不會收回成命，這是人盡皆知的事。你相信，卡努斯在被處死前十天，連一點沮喪的感覺都沒有嗎？不管是他的一言一行，還是他平和的心態，都太了不起了。負責處死犯人的百夫長，曾經勸卡努斯加入己方陣營，但卡努斯卻仍然下著棋，一面盤點還活著的棋子，一面向對弈的百夫長說：「我死了之後，麻煩您不要騙人說您下贏了。」接著，他又看著對方說：「看清楚，我的卒子還比您多一枚。」你認為卡努斯很認真在下棋嗎？才怪，他只是隨便下下罷了。一想到這樣的傑出人才要離世，他的朋友們都很感傷，但卡努斯卻說：「有什麼好難過的？你們不是想知道靈魂會不會永生不死？我很快就會知道答案了。」臨死之際，卡努斯仍不斷探問真理，希望替自己的死找個合理解釋。當時，他的哲學老師就陪在他身旁，兩個人離大家每天朝拜羅馬皇帝的山丘不遠。老師問卡努斯：「卡努斯，你有什麼想法？我是說，你在想什麼？」卡努斯說：「我決定了，在一切即將瞬間結束的當下，我要觀察靈魂會不會注意到自己出竅。」他答應大家，一旦他了解靈魂在肉體將死之際的狀態，就會馬上告訴朋友們。

即使身處風暴當中，他的靈魂依舊寧靜安定，具有永生不滅的價值。他獻出自己的生命，親身證明自身靈魂的價值，直到臨死之前，都還認真觀察靈魂會如何出竅；他不斷叩問世事，至死方休，更從死亡中悟出了真理。日後，再也沒有像他一樣認真的哲學家了。這麼了不起的人物，我絕對會一談再談；在所有慘遭蓋烏斯毒手的人當中，你是最特別的一個，我會將你的高貴事蹟告訴後人，讓你流芳百世。

XV.

不過，就算斬除所有悲傷情緒的根源，也收不到半點成效，因為有些時候，我們實在對人類恨之入骨了。想一想，天真無邪是如此難能可貴；局勢不利時，要維持信心是如此困難；再想想，世間犯下罪行、懷恨逞慾和無法洩慾的人何其多，人的野心總是需索無度、不自量力，寧可作賤自己也要引人注目。你會發現，自己的心已經墮入了一片黑暗，所有美德似乎都被揚棄在外，不再屬於你自己，更別說因美德受惠了。因此，我們應該要調整心態，告訴自己不必對各種賤人賤事記恨，這些事除了荒謬，還是荒謬；而且，我們要多仿效德謨克利圖斯，少走赫拉克利特斯（Heraclitus）的路線。赫拉克利特斯總愛在人前掉淚，嗟嘆人類的所作所為，但德謨克利圖斯寧願開懷大笑，笑看人世間各種蠢事。

我們不妨拉高視野，放寬心態，笑看世界，與其成天唉聲嘆氣，不如譏笑人生的荒謬；與其怨天尤人，不如譏嘲以對，因為能嘲諷的人，仍然期待其他人能有所長進，但凡事埋怨的人，只是在為自己心死而哀悼，是非常不智的做法。看盡世事又能開懷大笑的人，比只會以淚洗面的人更開闊；能開懷大笑的人，必能淡然面對社會萬象，不會任個人悲喜受其左右。

至於能引人悲喜的事物，對每個人而言都不同，因此就讓每個人各自去體會吧，然後再思考古希臘學者畢翁（Bion）說過的道理：「人的所做所為，都不會離初心太遠；世間最神聖的事物，莫過於初生的念頭了。」不過，比起大笑或流淚，能從容看待道德風尚與人性之惡會更好。為他人的苦而苦，會讓自己一輩子痛苦，但看見別人受苦而沾沾自喜，也是毫無人性的表現。比方說，當你目睹別人替兒子下葬，自己卻跟著流淚或沉著臉，就是毫無意義的行為。

換做自己受苦，就算難過，也得順應理性的要求去難過，不必逼自己配合各種風俗習慣。很多人的難過都是做做樣子，為哭而哭，一旦沒人注意自己，他們就不掉淚了，只是他們會覺得大家都在掉淚，自己沒哭很丟臉。然而，悲傷是人類最基本的情緒，如果連哭或不哭都得看人臉色，不啻是自作孽不可活。

XVI.

另外一件使人感慨的事，則是好人往往不得善終，譬如蘇格拉底遭囚禁至死、政治家路提利烏斯（Rutilius）遭放逐、龐貝和西塞羅束手就擒，任憑追隨者將自己斬首，以及君子小加圖被迫臥刀自盡，同時扼殺了共和國的前景。想到這些人，我們總不禁哀嘆命運不公，既然當好人的結局注定悽慘，我們何苦當好人？

不過請你仔細看看，上面這些好人是如何面對命運的：如果你認為他們毫無懼色，那就仿效他們的果敢堅忍；如果他們變得膽小怯懦，那死了也毫不足惜。總之，他們之中有些勇氣可嘉、值得敬佩，有些懦弱過頭，足使人引以為誡。

但世間最可恥的舉動，莫過於眼見偉人壯烈犧牲，旁觀者卻開始怕死。看見值得嘉許的對象，我們要不吝給予讚美，告訴對方：「越勇敢就會越快樂！今後，你不會再被意外事故、妒忌、疾病、牢獄之災糾纏了。眾神不會認為你這輩子注定倒楣，而是會覺得你已經脫離命運掌控了。」儘管如此，對於一下想死、一下貪生的人，我們應該推他們一把，讓他們死個痛快。

如果有人離世了，無論對方死前的感受是開心或悲痛，我都不會為他掉淚。開心離世能讓別人忘卻傷痛，但悲痛離世卻無異於作賤自己，讓別人不替他們掉淚。海克力士（Hercules）被活活燒死，雷古魯斯（Regulus）被釘刑凌虐而死，小加圖自盡兩次才離世，請問，我需要為他們掉淚嗎？這些人早就知道，人只要花一點時間勇敢赴死，就能換來永生不死。

XVII.

如果你拼命壓抑內心感受，不對他人展現真性情，就很容易讓自己心神不寧。你會像很多人一樣，成天戴著假面具過活，一心只想利用別人。但整天關注自己，反而會讓自己心煩意亂，擔心別人發現自己行為異常。沒錯，要是老覺得別人都在盯著我們看，對我們指指點點，我們的心就永無寧日。其實很多時候，人即使萬般不甘願，都不得不卸下面具。再說，就算整天關注自己有正面效果，戴著面具過活又能開心、安穩到哪去？能率性度日，以真面目示人，不亦樂乎？只是太過直率，還是有可能遭人鄙視，因為有些人習慣和外界保持距離，會對靠太近的外人反感。

但美德不同，美德離人再近，都不會使人反感；我們寧可因為純樸被人恥笑，也好過成天背負沉重虛偽的面具。話雖如此，我們要小心不要純樸過頭，因為純樸和不修邊幅是兩回事。此外，我們必須認真關照內心，要是整天和不對頻的人廝混，會打亂我們的生活節奏、攪亂情緒、再次戳痛內心未癒的傷口。

但話說回來，人既得獨處，也得和人群往來：獨處時，我們會渴望與人互動；和人群往來時，我們又會渴望獨處。這兩種模式是可以互補的：當我們對人群感到厭煩，不妨獨處一下恢復平靜；不想獨處的時候，可以走入人群放鬆心情。人不必時時維持高昂狀態，該放鬆就要放鬆。蘇格拉底很愛和小男孩卿卿我我，從不覺得害臊；小加圖為國家大事操心過頭時，會喝點酒提神醒腦。西庇阿（Scipio）這位戰功彪炳的將領，在戰場上聽到音樂時會手舞足蹈，但他不會選擇時下流行的軟弱舞姿，因為這種舞姿比女人的動作還柔弱；他會效法古早時期的男人，用專屬運動競技場和慶典的舞姿跳舞，一方面維持男子氣概，另一方面不怕敵軍看見。

人心需要適時放鬆，放鬆過後，就會更加精力充沛，好比土地如果夠肥沃，我們就不必揠苗助長。不過，要是作物不停生長，地力很快就會消耗殆盡；人心跟土地一樣，使用過頭會失去活力，必須暫歇才能恢復力氣。工作量太大時，人反而會變得麻木懶散，所以人必須適時娛樂。假使休閒娛樂毫無樂趣可言，人們絕對不會熱衷此道。不過，耽溺逸樂也會讓心放蕩失態，委靡不振。此外，雖然睡覺能讓人恢復精力，但如果沒日沒夜地睡，就跟死亡沒兩樣了。

少管事跟撒手不管事，這兩種做法要區分開來才行。立法者之所以訂定節日，就是想公開鼓勵人們盡情享樂，在他們看來，人既需要工作，更需要娛樂。我之前也說過，有些偉人每個月會放自己一些假，有些人會把一天分成玩樂時間和工作時間。印象中，像是阿西尼烏斯・波利奧（Asinius Pollio）這位大演說家，他在第十小時之後就會擱下公事，而且連信都不讀，省得更多事情接二連三冒出來。在一天最後兩小時[11]，他會想辦法消除整天累積的疲勞，不過，有些人會選擇工作半天就休息，把輕鬆的工作排在下午做，譬如元老院的前輩們，在第十小時後便不會再提新動議。士兵也會彼此協調站哨時間，凡是剛出完任務的人都有一整晚可以睡，無須上哨。

休息好比進食，我們要讓內心有機會吸收養分，備足精力。出門走走、吹吹風、呼吸新鮮空氣，都有助於提神醒腦；偶爾駕個車、到異地旅遊、換個環境走走、和人聚餐、多喝點酒，也有不錯的放鬆效果。有時候，我們需要喝到微醺卻不爛醉的程度，享受飄飄然的感覺。酒能澆愁，有助於排遣煩憂，還能像治病一樣消除悲傷。發明酒的人叫做利伯爾（Liber），這個名字的由來，跟酒能讓人暢所欲言無關，而是因為酒有助於排解（liberate）愁悶，讓心更加自由活潑，做任何事都勇往直前。但自由也好，飲酒也好，都不能無所節制。很多人說索倫（Solon）和阿爾克西拉烏斯（Arcesilaus）愛喝酒，或是罵小加圖一天到晚醉醺醺，不過這句話聽起來不像批評，而是在誇獎小加圖；再說，喝醉也不見得是不檢點的行為。當然，我們最好不要一天到晚喝醉，否則養成壞習慣就糟了；但話又說回來，人喝醉後能暫時甩掉包袱，變得既風趣又坦率。某位希臘詩人說，「失去理智未嘗不是件樂事」，這話倒有幾番道理；柏拉圖也說，「人在頭腦清醒的時候，一句詩都寫不出來」；亞里斯多德不也說，「瘋狂是成就非凡天才的必要條件」？心若不夠亢奮，便說不出高深莫測的話語，唯有決心追求卓越，才有可能唱出超凡的高調；一天不跨出熟悉的環境，就永遠綻放不出更璀燦的光芒。因此，我們必須讓心離開舒適圈，進入亢奮狀態，直到自己突破界限，像海浪一樣雀躍翻騰，攀上從來不敢想像的高度。

親愛的瑟瑞努斯，關於如何維持或重獲內心平靜、消除暗中攪亂人心的惡事，我全都交代完畢了。但請你務必記得，我們如果不去呵護搖擺不定的心，光靠這些手段，是不可能讓倏忽即逝的寧靜留步的。

1. 執政官身旁隨扈（lictor，有稱侍從執法吏）的斧頭象徵權柄。
2. 負責管理希臘人的政務首長。
3. 負責管理奧斯坎人（Uscans）的政務首長。
4. 負責管理迦太基人（Carthaginians）的政務首長。
5. 第歐根尼斯（Diogenes）是古希臘犬儒派哲學家代表人物，生活簡單樸素，不喜歡榮華富貴。據說亞歷山大大帝拜訪他時，他告訴亞歷山大大帝「站旁邊一點，因為你遮住了我的陽光」。
6. 歷史學者吉朋（Gibbon）反對塞內卡的這番見解。在《羅馬帝國衰亡史》第五十一章註解當中吉朋說：「李維將亞歷山大圖書館譽為『集歷代諸王品味與呵護於一身之成果（elegantiae regum curaerque egregium opus）』。這句恭維其實相當大器，卻被塞內卡狹隘的斯多噶觀點狠批了一番（《論心緒寧靜》第二章）。就算塞內卡的批評再有洞見，看起來都像是胡說八道。」
7. 有學者認為應該要改成托勒密才對。
8. 指卡利古拉（Caligula）。
9. 劊子手會在囚犯的脖子上繫上鉤子再行刑。行刑後，劊子手會抓著鉤子，將囚犯的屍體拖到台伯河中。
10. 指卡利古拉。
11. 羅馬人把日出到日落的時間切成十二小時，這裡說的「兩小時」，指的是日落前兩小時。

致瑪西亞
告慰書

I.

瑪西亞啊，早知道您不是柔弱粗鄙的普通女子，而且舉止一向符合傳統美德，我就不會堅持要安慰您了，因為用溫柔呵護傷痛才是主流；我也不會一廂情願，以為您在時運不濟、判官不公、判決令人髮指的情況下，還能聽我的勸不去怪罪命運。

不過，我還是對您有信心，因為您的心志如此堅強，即使歷經嚴酷考驗，德性仍然一絲不減。您對令尊如此敬重，是眾所周知的事；您對令尊的疼惜，和您疼愛子女的程度不相上下，而且您可能不希望自己先離世，獨留令尊於後。是的，我覺得您應該知道，人在愛意太強的時候，總會想要推翻世間的鐵律。您已經盡您所能，規勸令尊奧魯斯．克雷穆提烏斯．科爾都斯（Aulus Cremutius Cordus）打消赴死的念頭了，[1]但他被塞揚努斯[2]的打手團團包圍時，能脫困的手段顯然只剩一死了之。您雖然完全不贊同他的決定，但也乾脆不出手阻攔。您選擇在眾人面前落淚，強忍著自己的啜泣，不刻意強顏微笑。在您所處的這個時代，人們心目中的孝順，就是要在父母面前擺出最自然的神態。

後來隨著潮流的轉換，時機成熟了，您成功讓令尊的智慧重見天日，雖然這番智慧曾讓他受苦受難，但如今卻得以造福世人。您還出版了他用血淚刻出的大作，讓這位勇者的思想結晶永垂不朽。您對羅馬文學貢獻良多，因為科爾都斯大部分的著作都被焚毀了；您對後人也貢獻良多，因為多虧了您，曾使作者蒙受極大損害的事件流傳了下來；您對令尊更是貢獻良多，因為您使他的記憶得以流傳後世、永保鮮活，只要人們願意認真面對羅馬的歷史、遍覽先祖的豐功偉業，試著了解何謂羅馬精神，令尊的思想就能繼續傳世。

當年，其他人全都臣服於塞揚努斯的淫威，只有令尊抵死不屈，抱持自由意志不斷思考、感受、行動。老天，令尊的辯才和自由意志如此不凡，卻成了他被遺忘的導火線；還好您讓他的優秀重見天日，否則全國的損失可大了。現在，令尊成了家喻戶曉、人人拜讀的作家，其思想長存人心，歷久不衰。至於逼死他的劊子手，最多只會遺臭萬年，其惡行惡狀甚至馬上就會被人遺忘。您的心靈如此高尚，我早已不在乎您是男是女、長相如何了，但多年前驟然來臨的晴天霹靂，卻在您的臉上留下揮之不去的哀愁。瞧，我並沒有要任何陰招，試圖偷偷抹除您的憂傷；相反地，我還提醒您不要忘記舊傷。

但您這次的新傷，絕對癒合得了，因為您也看到了，當年同樣劇烈的舊傷，如今也化為疤痕了。別人想用溫和的手段安慰您，那是他們的事；我已經下定決心，想和您的憂傷奮戰到底，擦乾您疲憊的淚眼。老實說，您之所以淚如雨下不是因為難過，純粹是習慣使然。您如果願意，我樂意從旁協助您療傷；如果您不希望我助您一臂之力，或者怨我多管閒事，您就只能持續與傷痛為伍，不斷哀悼您的愛子。請您想一想，這樣下去又能如何？很多人都想幫您走出低潮，但終究是一場徒勞。您的朋友拼了命安慰您，最後連話都說膩了；您身旁的大人物試著安慰您，卻同樣無功而返；文學是令尊的最愛，也是您的傳家之寶，現在卻被您當成耳邊風，不但激不起半點慰藉效果，還被您完全拒於心門之外。就連時間這帖天然藥方，即使能撫平人們的創痛，唯獨對您毫無療效。三年了，您的悲痛錐心如初，而且還與日俱增。如今，傷痛甚至已經在您心中生根發芽，甚至不想離去了。

如果我們不趁惡念萌芽之初斬草除根，身心就會被惡念佔為己有。同樣地，各種惹人憐惜的哀痛與不安，只會在自憐的豢養下茁壯，誘人享受痛苦帶來的病態快感。如果可以的話，我多希望能在您哀痛的起點伸出援手，以免使您的哀痛一發不可收拾；一開始採取溫和手段，或許還會有止痛作用，但時間一久，我們也知道不靠點強硬手段不行。傷口剛冒血時最容易癒合，無論要清創、要用手指探進傷口，都還辦得到。要是傷口已經轉為惡性潰瘍，要治好就難了。現在要安慰您，溫良恭儉已經派不上用場，我得使點勁才能替您解憂。

II.

我知道，勸告人的時候通常會先講道理才舉例。不過，有時候調換一下順序也不錯，畢竟聽話對象不同，策略就得調整一下。有些人習慣理性思考，有些人卻習慣崇拜權貴和名人，被大人物的魅力迷得團團轉，連思考能力都丟了。現在，我想舉兩個人的例子給您聽。這兩位和您一樣都是女性，也和您活在同一個時代；其中一位始終放不下喪親之痛，而另一位雖然經歷過類似打擊，甚至受創更深，但她不想陷入悲痛的網羅，因此很快就穩住心緒，讓自己回到正軌。

第一個人叫做屋大維婭（Octavia），是奧古斯都的姊姊；第二個人名叫利維婭（Livia），是奧古斯都的太太。她們的兒子雙雙英年早逝，而兩位年輕人在世時，都確定要繼任王位了。屋大維婭的兒子馬塞魯斯（Marcellus）頗受岳父和叔父奧古斯都青睞，也準備扛下治理羅馬帝國的重任。這位年輕人才智過人、性格剛毅，家境富裕卻克勤克儉，令人敬佩；他不是好逸惡勞的人，無論叔父交代什麼任務，他都能勇於面對，一肩挑起重擔。奧古斯都確實獨具慧眼，因為再艱鉅的任務都打不倒他的姪子。馬塞魯斯的母親喪子之後，日日夜夜以淚洗面，半句忠告都聽不進耳，完全無法從傷痛中抽離。從兒子下葬那一天起，屋大維婭就身陷悲傷，不可自拔，心裡想的永遠是同一件事。她之所以振作不了，並不是因為她不夠勇敢，而是她主動排斥別人的勸慰，因為她覺得收起眼淚與二度喪子無異。她從不在牆壁上懸掛愛子的肖像，也不准別人提起他的事。全天下的母親她都恨，但她最痛恨利維婭，因為自己的兒子本來前程似錦，在不幸離世之後，鋒頭都被利維婭的兒子搶走了。屋大維婭成天躲在昏暗的房間裡，既不和弟弟說話，也不閱讀用來追悼馬塞魯斯的詩句或文章，不管旁人如何安慰，對她而言都是耳邊風。她活得像一座孤島，平常該做的事都不做，還會眼紅弟弟非凡的成就。即使子孫滿堂，她仍然喪服不離身；她這麼做，無非是當作身邊的人都死了，只想用厭世態度過活。

III.

利維婭失去了他的兒子德魯蘇斯（Drusus）。德魯蘇斯生前是位大將軍，本有機會成為出色的羅馬皇帝；他曾率軍長驅直入日耳曼地區，讓羅馬制度傳入羅馬人罕至之處。在長征途中，德魯蘇斯逝世了，敵軍聽說了這個消息，竟然願意暫時停戰，向這位大將軍致敬，毫無趁機作亂之意。義大利境內或各行省的羅馬公民，紛紛悼念起這位為國捐軀的將軍，當他的遺體行至大城市或殖民地，居民都會簇擁上前，向大人物致上最後的憑弔。於是，送葬隊伍有如凱旋歸鄉的大軍，一路行回羅馬。

德魯蘇斯的母親連兒子最後一面都見不著，不用說最後一吻，連最後一句親切的遺言都沒聽到。她只能伴著兒子的遺體，走過遙遠的返鄉之路。她一見到義大利各地燃起送葬之火，心中的悲痛也會重新燃起，彷彿喪子戲碼不斷重演。不過，她一面親手替兒子入殮，一面卸下了內心的傷痛，所有哀悼舉止全都合於皇后或人母風範。她三句不離德魯蘇斯，還在家中和公共場所四處擺放兒子的畫像，當別人興致勃勃談起德魯蘇斯，她也會一邊聆聽、一邊分享兒子的點點滴滴。愛子永遠活在她的記憶裡，但凡是自覺痛失德魯蘇斯的人，是不可能抱持友善態度，平心靜氣面對利維婭的。[3]

以上這兩種人，您覺得哪個值得推崇，就支持誰吧。如果您支持屋大維婭，您就會和活人漸行漸遠；您會不敢面對自己或別人的孩子，也會怯於面對自己哀悼的對象；在許多母親的眼中，您會變成煞星；您會逃避一切光明正大的娛樂活動，覺得痛苦的人不宜享樂；您會排斥在光天化日下行動，而且您會埋怨年齡，覺得年紀只會拖慢死期。但我認為，這和您的性情格格不入，也就是說，您會進入既不想活、又死不了的狀態。

但是，如果您能模仿令人尊敬的利維婭，好好穩定自己的心緒，您就不會過得死去活來，任悲痛蛀蝕自己的人生。為了自己的不幸懲罰自己，這實在太瘋狂了，省省吧！您不但沒卸下重擔，還讓自己過得更痛苦！而且，您這時應該秉持您一生的基調，表現出高尚自制的行為，因為悲傷也需要克制。多想想令郎，多將他掛在嘴邊，讓他的笑顏像生前一樣展露在您面前，當您因此感到歡欣，您就更對得起他了。

IX.

我不會鼓勵您實踐高標準，也不會要您乾脆認命，我只希望您多思考人生哲學。而且，在令郎下葬當天，我也不會拼命安慰您，試著讓您不掉眼淚。我會陪您一起見人生的判官，向對方拋出我們的疑惑：「傷痛究竟該痛徹心扉好，還是永無止盡好？」我想，您應該會支持您的閨密利維婭的路線，畢竟她也希望您照她的方式做。利維婭第一次被傷痛打擊的時候，整個人痛不欲生，只好向丈夫的哲學老師阿列烏斯（Areus）求助。她說，有了阿列烏斯協助，她感覺好多了，遠比向羅馬人或皇帝尋求慰藉有效。因為她不想把羅馬人拖下水，和自己同悲同哀，也不想讓已經痛失繼承人的皇帝，再被親人的苦痛傷得更深；

向阿列烏斯求助，遠比向兒子提庇留求助更好，因為提庇留在弟弟猝然過世、全國一片哀戚之際，情緒卻異常平靜，彷彿只是家中少了一人。

我猜，阿列烏斯當時是從這點切入，教導這位堅持己見的婦人如何思考哲學的：「利維婭，我認識您先生很久了，我知道很多一般人不知道的祕密，也對您心底的感受瞭若指掌。我覺得您最在乎的事，是自己的一言一行必須規規矩矩，無論大事或小事，您都想盡辦法不落人口實，因為輿論對高官的批判總是毫不留情。我想，身居高位者最可貴的行為，就是能包容他人的過錯，卻又不用同樣的標準要求別人。因此，在您哀悼愛子的過程中，您得堅持不去做不該做的事，而且方法務必正確，免得事後懊悔萬分。」

V.

阿列烏斯繼續告訴利維婭說：「接下來，我想拜託您不要固執己見，讓朋友難做人。要知道，您的朋友根本不清楚到底該不該在您面前提起德魯蘇斯；他們不想遺忘這位青年才俊，但也怕一提起他您就心痛。大家沒和您聚在一起時，總是會把德魯蘇斯的一言一行掛在嘴邊，該有的敬意一點都不少；但只要您人在場，大家通常只會不發一語，當您聽不到別人稱讚令郎，自然少了一番趣味。我相信，您絕對希望後人不斷稱頌他，只要您辦得到，即使獻出自己的性命，您肯定也會實現這個願望。因此，請您費點耐心聆聽，不，請您儘量主動提起令郎的事，讓他的名字和事蹟經常在您耳畔圍繞。不要把這件事想得太痛苦，不要像其他人一樣，覺得向別人尋求慰藉也是一種不幸。但目前看來，您已經走入另一個極端，即使您的人生充滿美好的事物，您也總是看向壞的那一面。您忘了令郎還在世的時候，您曾和他一同度過的歡樂時光，您忘了自己曾撫摸過他稚嫩的肌膚，看著他如何學習、成長；您心裡想的，全是他離世的那一幕，而您似乎認為這不夠驚悚，還拼命想辦法為自己製造驚嚇。求求您，請您不要以全天下最命苦的女人自居，還為此沾沾自喜。再麻煩您想想，在順境中逞威風的人，其實一點都不偉大，就好比海面平靜無波時，是考驗不了舵手的駕船功夫的，唯有逆風來臨時，舵手才能有所表現。所以，請您學學令郎，不要輕易舉白旗投降，即使挑戰接踵而來，狂風撲面怒號，您都必須戰勝內心的恐懼，勇敢面對各種逆境。坦然接受一切的態度，就是對命運最強而有力的控訴。」接著，阿列烏斯又對利維婭說，雖然她兒子離開了人間，但卻為她生了幾個孫子。

VI.

瑪西亞，阿列烏斯想安撫的對象，跟您有一模一樣的困擾。只要您自行對號入座，阿列烏斯就能聽見您沉痛的心聲。但瑪西亞，先假設您的喪子之痛已經強過所有母親好了，而且您瞧，我沒有要安慰您的意思，更不打算減輕您的不幸；如果眼淚能洗刷厄運，那您就盡情流淚吧。您不妨鎮日以淚洗面，連睡覺都省了；不妨用您的雙手撕毀自己的胸口和面容，化悲憤為自虐，只要對您有幫助都好。然而，人死顯然無法復生，他人再搥胸頓足也無濟於事。命運看似不動如山，人再哀痛又奈他何？死亡只要攫住獵物，就不太會鬆手了。我們還是放下無謂的悲痛，掌控自己的前進方向，不要被人生中的不幸牽著走了。

舵手如果放任海浪掌舵，讓船帆在風中飄搖，任船身被暴風雨吞噬，就是對不起自己的專業；舵手唯有拼命掌舵，奮力不讓海浪吞噬船身，才能博得大家的尊敬，即使最後沉船了，也無損其英勇。

VII.

您會說，「可是白髮人送黑髮人的傷痛，乃是人之常情啊！」是的，這點無庸置疑。但問題是，傷痛總該有限度吧？當至親向我們告別，無論他們是即將離世或遠遊，我們總是會覺得心痛，即使是最強悍的人，此刻也必然動容。但社會要求的哀悼程度，卻遠高於天生自然的狀態。看看各種野獸，牠們的傷痛來得快、去得也快，譬如母牛只會哀號一兩天、母馬不會一直狂奔亂竄；當幼崽走丟了，親代的野獸在森林裡巡個幾圈，回到被入侵的巢穴尋覓幾次之後，氣很快就消了。喪子的鳥兒會在空巢上盤旋哀鳴，但沒多久，牠們就回到默默飛行的正軌了。總之，除了人類以外，沒有一種動物會沉溺於喪子之痛。

人類習慣助長悲傷，心痛程度完全取決於個人意願，而非客觀的不幸程度。因為傷痛而失去理智，是有違人性的。看看喪偶之痛的例子，您就會明白了：一般而言，女人比男人陷得更深、粗鄙之人比有教養的文明人陷得更深、胸無點墨之人又比飽讀詩書者陷得更深。不過，天生自然的喪偶之痛，理論上對每個人的衝擊都一樣；因此，要是心痛程度高低不一，顯然有違人之常情。無論男女、貴賤、老幼，身體都會被火焰吞噬殆盡，也都會被鋼鐵切出傷口。為何會如此？因為這些事物全都源於自然之道，對人造成的效果都一致。至於貧窮、傷痛、野心這些事，[4]每個人則有不同的感受，而當下的感受皆源於過去的習慣。有些事物並不可怕，但人要是習慣害怕這些事物，就會讓心變得脆弱不堪，失去直面的勇氣。

VIII.

再說，凡是源於自然之道的事物，都不會隨時間減弱，但傷痛卻能逐漸撫平。傷痛可能頑強、可能隨時復燃，甚至越安撫越猖狂，但時間久了，痛楚還是會不斷減弱，這是最有效的療傷方式。瑪西亞，您內心深沉的傷痛依舊如影隨形，但比過去緩和許多了。即使傷痛看似頑強，也不如當初那般扎人，再過幾年，或許更會一點一滴消逝。當您有了新的目標，就不會繼續在傷痛中糾結。只不過，您卻不斷想辦法留住傷痛。其實，在心中留出悲傷的空間，和強迫自己悲傷，這是兩回事。要是您能斷掉悲傷的念頭，不去期待傷痛會自動消失，不是更能展現您的教養嗎？請您不要企圖留住傷痛，又期待傷痛自動消失。動手斬斷它吧。

IX.

您又問：「既然哀悼違背人性，為什麼人總是拼命追悼亡友？」這是因為，人總以為邪惡與自己無關，直到遇上了才發現苗頭不對；即使目睹過各類不幸事件，我們還是領悟不到全人類的命運皆如此，以為自己選的道路必定安穩順遂。家門外經過的送葬隊伍還不夠多嗎？但我們從來只是旁觀，不會把死亡放在心上。世上夭折的人還不夠多嗎？但我們只想著兒子成年、從軍、繼承家產的事。有錢人一夕傾家蕩產的案例還不夠多嗎？但我們卻不會想到，自己的財產某天也可能會灰飛煙滅。

因此，我們一旦遭遇不幸事件，就會頓覺晴天霹靂，情緒崩潰。要是我們提早做好心理準備，打擊就會縮小很多。您想知道自己被命運捉弄的機率有多高嗎？您知道刺穿他人的槍矛，也會從您身旁呼嘯而過嗎？您不妨想像一下，當您準備攻克敵軍城牆，或打算襲擊有敵軍嚴守的制高點，要是您只披了一層薄薄的盔甲，就得先做好負傷的打算，同時迎接撲面而來的石塊、箭矢和短箭。每當有人在您身旁或後方倒下，請您大喊：「命運，你別想打倒我，我絕對不是有勇無謀的人。我知道你在玩什麼把戲，你一面打倒別人，一面卻將矛頭指向我。」誰會抱著下一刻即將赴死的心態，來處理眼前的大小事？誰會沒事懷抱被驅逐出境、窮困潦倒、哀悼悲痛的念頭？當別人提醒我們該好好思考這些事，有誰不會視之如惡兆，避之唯恐不及，還期待壞事全落在仇家頭上，或是讓不長眼的勸告者遭殃？您說：「我哪知道我會遇上這種事！」這是哪來的錯覺？您明明就知道，每個人都有機會遇上這種事，而且很多人都經歷過了。底下這句話非常中肯，很難相信這只是某部劇本裡的台詞：

別人遇過的事，我們有天總會遇上。

別人喪子，您也可能喪子。別人被判刑，您也有可能被入罪，無論您有多清白。我們總是以為，自己遭遇的困境全都無從預料，但這種想法不但是自欺，還會使人意志消沉。相反地，只要多盤算自己會遭遇的麻煩事，當事情真的發生，我們就能少痛苦一點了。

X.

親愛的瑪西亞，舉凡兒女、官職、財富、華室、擠滿汲汲營營賓客的大廳、美名、出身高貴的嬌妻，以及各種純屬機運的事件，這些乍看光鮮亮麗的隨機事物，不過都是裝飾品罷了，從來不屬於我們。這些東西都是我們向別人暫時借來的，不是我們獲得的禮物。在我們一生當中，財物會由四面八方紛至沓來，但很快地，這些東西終究得物歸原主。有些財物的歸還期是一天，有些是兩天，只有少數幾項能伴我們終老。有鑑於此，我們絕不能高興得太早，以為身邊的一切非我們莫屬。事實上，這些東西都是向人借來的，使用期限全由物主決定，物主才握有真正的主控權。要是借來的事物沒有明確的歸還期限，我們還得仔細保管，一刻不得鬆懈，到了需要物歸原主的那天，我們也不應該口出怨言；最差勁的債務人，是會對債權人大吼大叫的那種。因此，不管是降生得晚、可能活得比我們久的親人，還是自認會早我們一步離世的親人，我們都應該好好珍惜，因為他們不見得能一輩子陪伴我們，甚至來日苦短。我們得不斷提醒自己珍惜人生中的一切，彷彿一切即將消失或正在消失。無論命運賞賜我們什麼，我們在享用的時候，都要想到這些事物終究會如命運女神般反覆無常。

請您好好享受子孫帶給您的樂趣，讓他們在您的生活中也感受到樂趣，凡有樂趣就盡情享受，不要保留。等到今晚？不，這樣太拖拉了，我們一刻都不能等，要享樂就得立刻行動，因為敵人已經逼近了。再過不久，敵人就會攻入您的勢力範圍，您過往的樂趣即將毀於一旦，絲毫不留。燒殺劫掠乃人間常態，可憐的眾生啊，你們難道不明白，只要活著就必須不斷逃竄嗎？如果您因為喪子而心痛欲裂，就怪他為何要來到人世間吧：他在出生的那一刻，就難逃一死了，或者說，打從他離開娘胎，就得面對這番劫數了。人活在世上，必然得遭命運無情擺布，而且永遠在劫難逃。

命運如此反覆無常，無論最後的結果是否合情合理，我們都必須照單全收。命運凌虐我們的軀體，對我們憤怒、譏嘲相向。有時，她會燒毀某些人的軀體，視之為懲罰或解方；有時，她會讓某些人被敵人或同胞囚禁。她還會將某些人剝個精光，投進瞬息萬變的大海之中，即使當事人死命搏浪，她也不會將人救回沙灘或岸邊，只會任海中巨獸將人吞入腹中。她還會利用各種病痛，將某些人折磨得骨瘦如柴，在生死之間來回煎熬。命運就像善變的女主人，喜歡隨興賞罰僕人，標準總是飄忽不定。

XI.

為了人生中發生的事掉淚，究竟有什麼必要？人生本身已經夠催淚了，舊的波折還沒落幕，新的波折又會迎面襲來。您放任波折擺布至此，已經失去理智了，請您努力找回神智，發揮人與生俱來的感受力戰勝恐懼和痛苦吧。

再說，您自己與全人類的處境，您全都不記得了嗎？您是壽命有限的凡人，您的後代跟您一樣，也是壽命有限的凡人。您的身體既然脆弱易折，容易生病，您何苦期待善變的軀體能孕育出強而不朽的事物？令郎已經離開人世了。您認為其他子孫能存活是種幸福，但當他們拼命朝死亡的終點線飛奔，令郎早就抵達終點了。法院裡鬥嘴的人也好，戲院裡的觀眾也好，神殿裡的信眾也好，每個人抵達終點的速度不盡相同；無論是您深愛或厭惡的人，最終都會化為塵土。

在女祭司皮媞亞（Pythia）服事的神殿的入口上，刻著「認識你自己」這句話，背後的真意就是如此。人是什麼？無非只是陶匠捏的土坯，不必等暴風來襲，光是稍微晃動一下就四分五裂。人是什麼？無非只是具赤裸裸、缺少天然外殼保護的孱弱軀體，不但得靠他人扶持，還得不斷被命運嘲弄。一個人的身體再結實，遇上野獸還是會被生吞活剝；身上的肌肉練得再漂亮，成分依舊善變而不堪一擊，完全不耐冷熱或操勞，而人只要一偷懶怠惰，身體就走向崩壞。人還會為了吃而煩惱，因為不吃東西會餓死，吃多了又會撐破肚子。人一旦缺乏憂患意識，就會陷入險境。人的生命氣息在受苦時才會駐留體內，而且動不動就會消失，任何突如其來的危機或巨響，都會使人方寸大亂。人總愛自尋煩惱，卻又體弱多病，打個嗝都可能沒命。對於死亡這件事，我們實在不必訝異。要奪去一個人的命，還不夠輕而易舉嗎？舉凡氣味、食物的味道、疲勞、睡眠不足、飲食、生命必需品，都有機會奪走人命。人不管走到哪裡，都會自覺脆弱不堪，無法適應當地氣候，或因為喝了不同的水、吸了不習慣的空氣，或者各種微不足道的原因就生病。當人開始哭泣，身體就會越來越虛弱。人明明如此脆弱，卻老愛自討苦吃！人總是眼高於頂，忘了自己有多卑賤！人習慣煩惱超出生命與時間界限的事，替所有後代子孫安排人生，無奈志向再遠大，還是會因為死亡驟然降臨亂了方寸。再說，一般人口中的老年，其實短短幾年就結束了。

XII.

假如您的傷痛有其規律，請問主體是受挫的您，還是您的亡子？您為何要為了死去的兒子痛心疾首？是因為他從沒讓您快樂過，還是因為假若他還在世，他會帶給您更多樂趣？如果答案是前者，那您即使少了他，也不至於太痛苦，因為對於無法令人愉悅的事物，我們就算失去了，是很難念念不忘的。反之，如果您希望他帶給您更多快樂，您就更不應該為了失去的部分悲傷嘆息，而應該感激您曾經享受過的美好。

光是辛苦養育兒子這件事，您的回報應該早就足夠了。好比全心全意飼養小狗、小鳥、各種有趣小動物的人，他們光是看一看、碰一碰、摸一摸自己的寵物，都會感到趣味無窮，那養小孩是絕不可能沒有回報的。就算令郎的付出沒為您帶來半點好處、他的細心沒幫到您半點忙、他的眼光對您沒半點指引作用，您也因為曾經養育他、關愛他而收穫滿滿了。

您說：「歡樂時光就不能再久一點嗎？」能這樣當然最好，但相較於膝下無子的情況，您已經幸運多了。毫無養育之樂和短暫的歡樂時光，您覺得哪個比較幸運呢？曾經有過短暫的歡樂時光，總比從沒體驗過好得多吧。

再說，您覺得空有令郎之名、卻讓您蒙羞的小孩好，還是像令郎一樣光明磊落的小孩好？令郎年紀輕輕就聰慧孝順，不久便成了人夫和人父、為公職盡心盡力，還立刻獲賜聖職，無論是他的成就本身，還是取得成就的速度，無一不令人欽羡讚嘆。

能功成名就的人本來就少，水平要維持不墜更是難上加難，只有點滴累積的幸福才能歷久不衰，陪我們走到人生盡頭。不死的神明們給令郎的壽命雖然不長，但卻讓他擁有了一般人必須長久鍛鍊才能獲得的能力。假使您從未享受過養育之樂，更不能埋怨上天故意作弄您。看看您身邊的人，無論您認不認識對方，您都會發現比您更慘的案例。很多偉大的將軍和王儲都曾喪親過，連神話故事中的諸神都無法倖免。神話故事之所以這麼說，我猜是為了表達神也得面對生死難關，用來撫慰我們的喪親之痛。我想再次請您睜大眼睛，看看您身邊的人：您會發現，世上絕對找得到比您更悲慘的家族，他們的故事絕對能撫慰您。我對天發誓，我絕對沒有否定您的感受，也沒有天真到認為舉出一堆悲慘的例子，就能助您平復傷痛。一般人看了許多人受苦，就自以為這招有安慰效果，但實際上，對方通常只會感受到惡意。

不過話雖如此，我還是想舉些例子，但不是為了告訴您大家都有喪親的經驗，因為光說哪些家族死了哪些人，半點意義都沒有；我之所以想舉例，是為了讓您明白很多人是咬牙強忍傷痛，才成功化險為夷的。

我想先從史上最幸運的人講起，那就是羅馬名將路齊烏斯・蘇拉（Lucius

Cornelius Sulla Felix）。蘇拉喪子之後，銳氣並未因此受挫，在打擊敵軍和人民時始終狠勁十足，正因如此，大家也不會誤以為他在兒子還活著時，就得到他的知名頭銜了。[5]蘇拉向來不怕民怨，因為他的超凡成就全都由此而來。他也不怕被神明作弄，光是他頭上頂的「幸福」頭銜，就足以氣死神明了。雖然蘇拉的為人至今尚無定論，但敵軍肯定會說，蘇拉不管拿起兵器或放下兵器，都散發出令人肅然起敬的氣勢。蘇拉的例子證明了一點：飛黃騰達者遇上的危機，絕對嚴重不到哪去。

XIII.

下一個例子是羅馬大祭司波維魯斯（Pulvillus）。他在主持獻祭時接獲兒子離世的噩耗，於是命吹笛手暫停演奏，並取下自己脖子上的花環，但除此之外，他依舊按部就班完成獻祭儀式。總之，當時波維魯斯負責護持門柱[6]，在朱比特神殿進行獻祭儀式，兒子過世的消息突然傳來了，但他卻裝作沒聽見，繼續守好大祭司的本分，該說的儀式台詞照說、該做的禱告還是照做，一刻沒停下來哀嘆過。而且，波維魯斯一聽見兒子的死訊，立刻求朱比特對自己展現祂慈愛的一面。波維魯斯接到喪子噩耗當天，依然認真主持國家祭典，一句會擾亂儀典的惡言都沒說，您想想看，這樣的父親會不斷哀悼下去嗎？當眾神發怒了，波維魯斯還是沒停下祭神的腳步，這樣的神職人員，絕對值得我們致上最崇高的敬意。他主持完祭典回到家，眼眶才泛起淚來。他接著哀嘆了幾句、按習俗對死者致意了一下，表情就立刻回到祭典上的樣子了。至於另一個例子，名將保盧斯（Paulus）[7]打敗了佩爾瑟斯（Perses），用鐵鍊將敵手綁在馬車前方。凱旋之後，他將兩個兒子過繼給別的家族，然後親手埋葬了其他的兒子。您知道嗎，後來摧毀迦太基的名將、又擔任執政官的西庇阿（Publius Cornelius Scipio Africanus Aemilianus）正是被過繼的小孩之一。至於留在保盧斯身邊的兒子們，您猜最後怎麼了？每當羅馬人看見保盧斯的馬車空蕩蕩的，[8]多少都會覺得感傷。不過，保盧斯還是發表了撫慰人民的演說，同時感謝神明替他實現願望：如果非要向復仇女神獻上打勝仗的祭品不可，就犧牲他自己家人就好，不要將全國人民拖下水。您看，他面對喪子的態度多坦蕩啊。他還慶幸自己沒了兒子，老實說，有哪個喪子的父親能比他慘？結果，願意安慰他、幫助他的人全都離他而去，但即便如此，保盧斯從未展露過哀戚之色，不給佩爾瑟斯半點竊喜的機會。

XIV.

我為什麼要舉那麼多偉人的故事，還特別挑悽慘的例子？是因為幸福的案例比較難找嗎？還是因為人人長命百歲、互相扶持到人生最後一刻的家族並不多？世上有哪個家族沒喪親過？您不妨隨意挑個年份，列出當年的執政官，譬如路奇烏斯・畢布魯斯（Lucius Bibulus）和凱撒（Gaius Caesar）[9]。您會發現，雖然這兩位執政官水火不容，下場卻如出一轍。

畢布魯斯是個性情和善、不算堅強的人，但卻親手葬送了兩個兒子的性命，甚至淪為駐埃及羅馬軍人的笑柄。換句話說，畢布魯斯喪子時不但要承受喪子之痛，還得因此被敵對陣營羞辱。不過，曾為了躲避凱撒而一整年足不出戶的他，卻在接到喪子噩耗隔天踏出家門，回到工作崗位上處理執政官的職務，只為給凱撒一點顏色瞧瞧。一次失去兩個兒子，誰能像他只花一天就吞下這種痛？畢布魯斯很快就放下了喪子之痛，但他曾因官運不順閉關發愁了一整年，倒也是事實。

至於凱撒，當他突破海洋屏障，成功橫渡不列顛之際，卻接到女兒離世的噩耗，替他的危機火上加油。當時，大將龐貝已經在一旁虎視眈眈，隨時想鬥下比他位高權重的人，儘管凱撒與龐貝的成就看似相輔相成，凱撒仍覺得芒刺在背。但在短短三天內，凱撒便用征服天下的姿態征服了喪女之痛，重掌兵符指揮大軍。

XV.

我需要多提其他羅馬皇帝喪親的故事嗎？在我看來，命運有時候會故意和這些皇帝作對，藉他們的喪親之痛提醒世人，即使是號稱「神之子」、「未來神明之父」的羅馬皇帝，也無法如定人生死一般主宰自家人的命運。

譬如奧古斯都，他在兒孫與親人紛紛離世之後，為了替空無一人的家族添丁，只能走上領養兒子一途；不過，他選擇勇於面對喪親的事實，展現對眾神的敬意，並相信人沒有必要埋怨上天不公。

至於提庇留，他不但失去了親生兒子，還失去了養子，但他依然站上公開演講台，向已故的兒子發表頌辭，甚至還站在愛子的遺體正前方。遺體只有一側被遮蔽大祭司視線用的簾幕遮住，其他角度一覽無遺；當所有羅馬人都淚眼婆娑，唯有提庇留面不改色。他也藉機向身旁的塞揚努斯證明，自己完全耐得住喪親之痛。

您發現了嗎？喪親的噩耗可能會打擊一般人，但卻動不了這些大人物半分；別忘了，他們可是性格十全十美、受眾生擁戴的人物啊。照樣看來，喪親之痛有其既定規律，你我都必須經歷同樣的折磨。多聽聽您身邊的人分享人生經驗，您會發現，每個人都曾因來到人世間而吃過苦。

XVI.

我知道您會說：「您舉的例子都是男性，但可別忘了，您正在安慰的人是女性。」可是，誰說女人的智慧和美德天生就差男人一截呢？相信我，女人的頭腦肯定不輸男人，德行也能和男人等量齊觀。女人只要好好鍛鍊，也能像男人一樣承受傷痛、吃苦耐勞。老天，我人都在露克麗西雅（Lucretia）和布魯圖斯（Brutus）推翻帝國暴政的城裡了，居然還說出這種話？羅馬人能重獲自由，當然要感謝布魯圖斯，但羅馬出得了布魯圖斯這號人物，更要歸功於露克麗西雅這位傑出女性。

這座城也出過克麗歐利亞（Cleolia），她膽識過人，完全不將敵軍和台伯河放在眼裡，作風與男人無異。熙來攘往的神聖大道上，矗立著克麗歐利亞騎馬的雕像，足以讓現代的年輕人自慚形穢，因為在這座連女人都會被徵召當騎士的城市中，這些年輕人卻只坐過馬車裡的軟墊椅，一輩子到處閒晃。

您想要知道哪些女性經歷過喪子之痛，勇敢度過低潮，我隨便就能舉出幾個。譬如某個家族出了兩位名叫寇奈莉雅絲（Cornelias）的女性，第一位是執政官西庇阿的女兒，也是格拉古（Gracchus）一家十二個孩子的母親。她親手埋葬了十二名親生子女，親眼見證孩子們來過世上一遭。無名小卒的例子也很多，要列舉並不難，但格拉古家的母親更值得討論，因為她曾經歷兩個兒子、保民官提庇留和蓋烏斯．格拉古（Tiberius and Gaius）遭人殺害並棄屍；再說，格拉古兄弟都是了不起的人物，再吝於讚美兩人品行的人都會認同。許多人安慰過寇奈莉雅絲，說她家門不幸，但她卻說：「我一輩子都會跟自己說，我的人生非常幸福，因為我是格拉古兄弟的媽媽。」

至於另一位寇奈莉雅絲，也就是利維烏斯・德魯蘇斯（Livius Drusus）的妻子，則是失去了一個年輕有為的兒子。她的兒子出類拔萃，原本正追隨著格拉古兄弟的腳步，卻被某個無名小卒暗殺了；而且，就在他提出許多法案，看著法案準備一一通過之際，就在家裡被人謀殺了。眼見兒子突然離世，加害人卻逍遙法外，寇奈莉雅絲仍像兒子起草法案時一樣胸襟開闊，坦然面對喪子的事實。

瑪西亞，您勢必得原諒命運女神，因為命運女神折磨的對象除了您以外，也包括西庇阿家族，尤其是西庇阿家族的母親和女兒們；更何況，她連羅馬皇帝都不放過。人生充滿了不幸，苦難永無止盡，沒有人能一輩子順風順水，更沒有人能和命運女神協議停戰。瑪西亞，您是有四個小孩的人，而俗話說得好，朝稠密的軍隊擲矛肯定能擊中目標。所以您總該料到，您的兒女們終有一天會被命運女神盯上，甚至因此喪命吧？您又說：「但命運女神對我不公，她不但奪走了我兒子，挑的還是我最愛的人。」問題是，您絕對不能認為您被錯待了，因為當您和命運女神算總帳，您會發現，這位比您強勁的對手還留了一對女兒給您，她們也生了自己的孩子。雖然您如此哀悼令郎，連他的哥哥都被您拋諸腦後，但命運女神並沒有讓您的愛子在世間完全消失。別忘了，他的兩個姊妹都還活著，如果您無法善待她們，她們就會成為沉重的負擔；反之，如果您能善待她們，她們會是您最大的慰藉。您得逼自己看看她們，在她們身上尋找令郎的影子，不可一味往傷痛裡鑽。

這就好比農人栽種的樹木被風連根拔起，或遭颶風瞬間截斷後，農人仍會悉心照料殘留的樹幹，並在斷口上播種或插枝，很快地，新生的枝葉會比原先更茂密。彌補損失和經歷損失一樣，一晃眼就過了。

請將您心中已經逝去的兒子梅蒂里烏斯（Metilius）搬開，換上您的女兒們吧，她們能帶給您雙倍的慰藉，平復您單倍的痛楚。人只愛惜自己失去的事物，這就是人性。人常因為對離世的親友念念不忘，反而錯待仍活著的人。不過請仔細想想，命運女神在盛怒之下都對您高抬貴手了，這還不令人欣慰嗎？瑪西亞，請看看您的孫子，看看您的兩個女兒。請您說：「假設世上真有命中注定這回事，要是好人從來不會遇上劫難，那我沮喪難過也合情合理。但我發現，無論好人或壞人，從來沒人逃得出命運的魔掌。」

XVII.

「說是這麼說，當兒子已經長大成人，才剛成為讓母親自豪的國家棟樑時，卻驟然離世，這還不令人傷心嗎？」您說的沒錯，這點絕對不會有人否認。但，這就是人的宿命。人生來就得緬懷逝者、成為被緬懷的人，也得抱持希望和恐懼、打擾自己和他人、對死亡感到懼怕又期待。最慘的是，人永遠參不透自己真正的定位。

假設您準備到敘拉古（Syracuse）一遊，有人可能會對您說：「這趟旅程會充滿許多苦與樂，請你先全盤研究一番再揚帆出海。在旅途當中，你會依序看到以下美景：首先是西西里島，它現在和義大利本土分開了，中間隔了一條狹窄的海峽。但大家都知道，這座島曾經和義大利相連，只是海水將陸地一分為二，最後將西西里島切離西岸了。再來，當你的船駛近卡律布狄斯（Charybdis）時，就會看見詩人常說的奪魂漩渦。不吹南風時，海面通常平靜無波，但狂風一來，船隻就會被捲入無底深淵裡。你還會看到詩人最愛寫的阿瑞圖薩（Arethusa）噴泉，泉水不但瑩澈見底，還匯聚成一道冰涼激流。這裡或許就是泉水的發源地，又或許，這道水流已經在深海裡走了老遠，而且一路逕自流淌，不和眾多海域中的渾水相混，最後在此噴湧而出。你還會看到一座能遮風避雨的港口，在天然或人工屏障的保護下，讓停泊的船隻安全無虞，連最強的暴風也無法毀不掉它。你還會看到雅典曾經失勢垮台之處，以及懸崖底部囚禁過千萬名俘虜的天然囚室。最後，你會看見敘拉古這座城，幅員大勝其他大城，冬天永遠陽光普照，是個暖和宜人的避寒之地。但看過了這些景緻，你得想到這座城市無論冬天再暖，夏天依舊酷熱難耐，疫情不斷。另外，這座城市曾經被暴君狄奧尼修斯統治過，自由、正義、法治蕩然無存；他和柏拉圖聊過天之後，權力欲居然有增無減，即使被放逐了還貪生怕死；每當有人犯了小錯，狄奧尼修斯不是處以火刑、鞭刑，就是予以斬首；他不但好女色，也嗜男色。到這裡，這趟旅程的迷人及駭人之處你都知道了。你要不選擇揚帆出航，要不就待在家裡吧！」

聽了這些描述，如果有人還想去敘拉古走一走，到時出了什麼狀況，就不能怪別人沒提醒他了，畢竟，他都知道可能會發生什麼事，卻還是決定要去，真要怪也只能怪自己。

上天會向世人說：「我從不騙人。如果你要生小孩，你的小孩可能長得美、可能長得醜，甚至天生呆頭呆腦。有些小孩可能會成為國家棟樑，有些可能變成叛國賊。如果你的小孩飛黃騰達，人們會賣他的面子不敢說你壞話，這時，你就不必太過擔心；反之，你也要知道你的小孩可能淪為過街老鼠，變成你一輩子的惡夢。你有可能成為被兒女送終的對象，由他們在葬禮上為你朗讀頌詞；但也請你做好心理準備，因為你可能得親手埋葬愛子，而他死時，可能處於男孩、男人或老男人的階段。兒子幾歲離世不重要，因為一旦發生白髮人送黑髮人的情形，離世者全都算是英年早逝。看了上述分析，如果你還打算生小孩，你就沒有立場責怪眾神了，因為眾神從來不做任何擔保。」

XVIII.

您可以將這個比喻套用在自己身上，想想自己誕生的狀況。我之前舉了敘拉古一遊的例子，提醒您旅途中可能遇上的苦與樂；現在，請想像您回到了降生的那一刻，讓我給您一些建議。

我想說的是：「你即將踏入一座神明和人類共居的城邦，大家都是城裡的子民。這座城蘊含了整座宇宙，由不可逆的永恆法則支配，裡頭的天體不斷運行，永無止息。譬如城裡的星星始終閃閃發光，數都數不盡；還有能照亮每個角落的太陽，其運行週期將一天分成日與夜，將一年均分為冬天和夏天；到了晚上，月亮取代了太陽的位置，散發著向哥哥借來的柔和光芒，有時隱身，有時以滿月容貌高掛天際，盈虧變化日日不同。」

您還會看見五顆星體背道而馳，推著天幕朝西而轉，而各民族的生滅取決於星體的流轉，帝國的起落則繫於星體的吉凶之相；您會因為雲、雨、雷、電的變化，以及星體的碰撞而驚奇連連；當您看遍了天上的景緻，接著望向地平面，你的見聞會截然不同，但同樣引人入勝。一方面，您會看見無邊無際的平原，另一方面，您會看見被白雪覆蓋的巍峨山嶽、朝低處流動的河水、向東而去的小溪、朝西流淌的同源溪流、在山頂上前搖後擺的樹木、供萬物棲息的巨大森林，包括森林裡相異卻共融的鳥鳴；您會看到散布各地的城鎮、被地理環境隔絕的民族，有些民族遁入了深山隱居，或順著傾斜的河床而居，卻鎮日驚恐、瑟瑟發抖；您會看到由農耕技術培養的作物，或者自然結出果實的果樹；您會看到緩緩流入草原的河流、向內凹成港口的美麗海灣、公海上星羅棋布並切分海域的島嶼，甚至是閃閃發亮的寶石、激流中與沙粒相雜的金子、從大地或大海中迸發而出的天界之火，以及讓陸地相連，卻使民族散成三塊、彼此仇視的海洋。在無風亦起浪的這片水域中，當您乘浪上游，便會遇見許多龐然巨獸，其身形遠大於陸地動物。有些巨獸動作笨拙，需要同伴指揮帶路；有些巨獸速度飛快，即使船夫全力划槳也追不上；有些巨獸會吞吐海水，船隻一旦駛近這類巨獸，便有滅頂之虞。您會遇上正在探索未知大陸的船隻，也會發現人類非常勇敢，該冒的險都冒了；您除了當個旁觀者，更會親身涉足各種大冒險。您會明白人類的生存之道，學習如何妝點及約束人生，並成為人師傳道授業。但在這裡，您也會遭遇成千上萬種折磨身心的致命威脅，像是戰爭、公路搶劫、毒殺或沉船事件，或是極端氣候、身體的脫序行為、突然其來的喪親之痛、對個人之死的憂慮，而且自己究竟會一路好走，還是被人刑求至死，我們事前無從得知。

現在，請您在心裡權衡利弊，做出最後的抉擇。如果您想享受以上種種好處，就得承受伴隨而來的痛苦。所以，您還想來到這個世界上嗎？您會回答「當然要」，雖然在我看來，您想待的應該是無須為損失傷痛的世界。但既然您都答應了，就依約履行您的義務吧。您說：「但是都沒人問過我的意願。」其實，我們的父母已經替我們做了決定。他們明白人生的利與弊，最後選擇讓我們來到這個世界上。

XIX.

不過，就撫慰傷痛這件事來說，您得先選擇藥方，再決定用藥方式。因為喪親而陷入傷痛，是最令人遺憾的事，但喪親本身並不沉重，因為當親人還活著的時候，我們不會因為對方不在身邊或故意缺席而難過，雖然對方不在時，確實少了相處的喜悅。真正不斷糾纏我們的，是自己的念頭。每樣惡事，我們心裡認定它有多麻煩，它就有多麻煩，換言之，解方早就在我們手上了。我們可以假設親人遠行去了，再騙自己說，我們親手送走了他們，甚至是讓他們先前往另一個世界，我們很快就會跟上[10]。此外，身陷喪親之痛的人也常常這麼想：「沒有人保護我了，我被欺負的時候，也沒人能替我出氣了。」一套句無禮卻實在的安慰說法：在這個國家，喪子不會失去影響力，反而能獲得更多影響力；以前，沒有子嗣的孤老生活是件淒涼的事，但現在卻有許多人因此掌權，有些老人甚至故意和兒子挑起爭端，趁機斷絕親子關係，讓自己膝下無子。我知道您會說：「我不是因為自己的損失而難過。一個人喪子之後，如果跟失去僕人一樣難過，只在乎兒子本身以外的事，這種人就不值得安慰。」瑪西亞，所以您到底在感傷什麼？是因為令郎過世了，還是因為他英年早逝？如果是前者，想必您已經感傷很久了，因為您知道令郎總有一天會離世。您要想想，亡者是不會受壞事牽連的，而且各種關於死後世界的恐怖故事，其實都是虛構的罷了；人離世之後，就不需要再怕黑、怕被囚禁，也不必再畏懼滾滾而來的火焰或遺忘之川，或是為了出庭受審而憂慮；再說，死了就是種解脫，亡者完全不必再為暴君提心吊膽。那些死後世界的故事，都是詩人隨口編出來嚇唬我們的。人死之後，一切痛苦都會消失，生前的磨難全都到此為止，讓人復歸誕生前的平靜。如果要憐憫死者，就應該一併憐憫尚未誕生的生命。死亡沒有好壞可言，有實體的事物才有好壞之分。至於沒有實體又會掏空一切的事物，是無法替人決定命運的。所謂的好或壞，都得建立在實體基礎之上。只要是上天遣走的對象，命運女神接管不了；同理，當人失去了實體，就不會感到命苦了。令郎已經遠離了奴役之國，獲得了無邊無際的寧靜。他從此不必汲汲營營，不必操心自己的財產，不會再以享樂之名為色慾所苦。他可以省下眼紅他人的力氣，不再為自身盛名所累；他潔淨的耳朵不會再受淫穢之語玷汙；他更無須面對個人或國家的劫難。他不必再煩惱各種不確定的狀況，弄得自己七上八下。他現在穩如泰山，沒有任何事嚇得了他。

XX.

人類實在不明白人生有多苦！他們從不懂得讚美死亡、期待死亡，視之為領悟自然之道的最佳途徑。背後的原因，可能是死亡扼殺了幸福或終結了苦難，或是替疲倦不堪的老年生活劃下句點，或是讓風華正盛的大好青春軋然而止，或讓幼兒在展開苦悶人生前早夭。

死亡對所有人來說是終點站，對許多人來說是解脫，對某些人來說是期待，更是不請自來的最佳範例。死亡不顧主人反對，讓奴隸重獲自由，也替俘虜解開了鎖鏈；死亡幫助被強權鎮守的囚犯脫逃出獄，讓成天思念、遙望家鄉的流亡人士發現，無論在誰的國土內離世都一樣。

在命運女神的操弄下，即使人人看似生而平等，且後天環境造成貧富不均或有主奴之別，不過，死亡卻使眾人再次平等。在死後的世界，再也沒有誰能指使誰，也沒有人會因為地位低下而自卑。沒有人會被死亡拒於門外，瑪西亞，這就是令尊朝思暮想的終點啊！多虧了死亡，出生不再是件苦差事，讓我大難臨頭時不會心生恐懼，更讓我的心成為自己的主宰，不受外界傷害。

最後，我想再舉一些例子。我看見了五花八門的十字架，全是暴君用來虐人的手段。有些人被倒吊，有些人的身體被刺穿，有些人雙臂被拉開，被綁成絞刑姿勢。我還看見繩索、鞭子、各種折磨四肢和關節的刑求工具，但我同時看見了死亡。前方有嗜血的敵軍、蠻橫的同胞，但在這些人身邊，我同樣看見了死亡。奴隸當煩了，如果只要踏出那一步就能重獲自由，被奴役也就不是件痛苦的事。多虧死亡，我才會如此珍惜生命。

死得其時，難道不是件幸福的事嗎？多少人因為賴活，卻弄得自己遍體鱗傷？要是龐貝當年病死在那不勒斯，要是當年他因病痛而褪去帝國的光環和資源，那麼肯定會被捧成羅馬公民的典範。可惜，他因為多活了那一點時間，導致自己瞬間失勢，親眼看著自己的部隊被屠殺；當元老院都被捲入第一線作戰，倖存的居然是指揮部隊的大將軍，何嘗不令人感慨萬千。常勝軍龐貝遭遇埃及軍時，乾脆選擇束手就擒，任劊子手宰割自己的身體。但他要是僥倖全身而退，還會認為自己不應該毫髮無傷，因為身為鼎鼎大名的龐貝，居然需要靠皇帝施恩苟活，實在太丟臉了！

另外，喀提林（Catiline）雖然謀害西塞羅及羅馬不成，但西塞羅要是死在當下，反而能成為解放羅馬帝國的救星；要是他能追隨女兒的腳步離世，死後反而能獲封為幸福之人；他也不會目睹羅馬人被屠殺的慘劇，或是死者財產慘遭加害人分贓，落得人財兩失；他更不會見到政府在羅馬內戰後拍賣執政官的財產，或者放任各種燒殺擄掠、謀財害命的事件發生。

至於曾在塞浦路斯扣押皇室遺產的小加圖，要是他在返回羅馬途中，就跟著這筆錢一同葬身大海，就算這些錢是準備發給內戰軍人的軍餉，難道不是件好事？這樣就可以留下「只要小加圖掌權，就沒有人敢胡作非為」的名聲，不是嗎？可惜，他後來又多活了幾年，愛好自由的他別無選擇，只能遠離凱撒，追隨龐貝。顯然，早點離世對小加圖並非壞事，反而能讓他避開惡鬥，不受牽連。

XXI.

「可是，」您說：「我兒死得太早了。」那好吧，我們先假設他一路活到老，甚至活到人類壽命的極限好了。壽命加總起來還能多長？人生倏忽即逝，總是被視為逆旅，時時刻刻送往迎來。我們不都知道，人生一眨眼就結束了嗎？想想那些歷史悠久的城邦吧：您會發現，就算是有輝煌古文明的城邦，存續的時間都不長。凡是人造的事物，存續的時間註定不長，和無限時間相比毫不起眼。從宇宙的角度來看，我們居住的這片土地，包括其中的城邦、民族、河流、海岸，不過就是一個小點而已。和所有時間的總和比起來，人生連一個小點都不算；時間總和之遼闊，已經囊括了整個世界好幾次。

對於無足輕重的人生，一股腦添磚加瓦又有什麼意義？讓人生變長的不二法門，就是告訴自己活多久算多久。您說的那些人瑞，確實是人們傳誦已久的對象，也或許活了一百一十歲；但是您可以想想，在永恆的時間面前，最短命和最長壽的人其實毫無二致，只要您比較一下這些人活著的時間和不在世上的時間，事情就一清二楚了。

另外，在離世的那一刻，人生就功德圓滿了，因為該經歷的都經歷了，沒有任何未完成的目標。每個人步入老年的年紀不同，廣的來說，所有動物都是如此。有些動物活到十四歲，生命就結束了，但牠們的壽命上限，只相當於人生的第一階段而已呢。每個人能活的年歲不同，而且絕無死得太早這種事，因為人該活多久就活多久。每個人的人生終點都定調了，永遠不可能挪動半分，我們再怎麼呵護、滋養人生，都改變不了這個事實。請您相信，令郎已經得到了屬於他的一切：「而且達成了屬於他的人生目標。」

因此，請您放下「他應該再活久一點」的念頭。他從來沒有折壽，命運也不會替我們折壽，每個人能活多久，全都是命中註定的事。命運女神只會一意孤行，不會增減她們答應過的條件。人再怎麼祈禱或努力，都改變不了壽命；人一輩子能活的年歲，就是降生之際定下的數字。人一來到世上，就不斷朝著死亡前進，離滅亡之日越來越近。青春時多享受到的年歲，會在總歲數上扣除。

我們常誤以為，只有遲暮老人才會逐步邁向死亡，但實際上，我們在幼年、少年或人生任何時期都不斷邁向死亡。命運女神施展威力時，會讓人們對死亡視而不見，而且她們的手段不著痕跡，因為凡是用來表達人生階段的詞彙，全都蘊含了死亡的成分。具體而言，人一進入幼兒期，就等於告別了嬰兒期；成年後，人也失去了幼兒的身分；步入老年後，壯年一去不復返。換句話說，新階段之生猶如舊階段之死。

XXII.

瑪西亞，您是否仍然忿忿不平，覺得令郎死得太早？但要是令郎還活著，您又如何確定這對他是好事一樁？說不定，死亡還幫了他一把呀？綜觀這個時代，有誰能過得安穩妥當，不須替未來擔憂？人間的一切轉瞬煙消雲散，而最脆弱、最變動的部分，非當下的歡樂時光莫屬了。因此，我們應該視死亡為人生最幸福的境界，畢竟時局動盪不安、世事難料，除了過去發生的事，沒有別件事能如我們所預期。

身在物慾橫流的時代，請您多想想令郎出眾的人品，這正是您堅守原則的成果。有多少人能讓身體百病不侵，維持完好狀態直到年老？請想想心靈上的塵垢：年少時看似美好的心，都不見得能維持原貌，直到年老；相反地，心靈腐化才是常態。年紀老大仍縱情聲色的人，只會變得更加無法自拔，將年少時的美善破壞殆盡，使自己蒙羞；年紀老大卻追求口腹之慾的人，除了吃喝便萬事不關心。

除此之外，請想想各種火災、房屋倒塌及沉船事件，再想想各種磨人的手術，想想醫生如何割開病人的身體，一下取出骨頭、一下將手探入臟器，弄得我們死去活來，只為了治療令人難以啟齒的病。另外，若就流放這件事而言，要比無辜程度，令郎其實沒好過路提利烏斯多少；若就囚禁這件事而言，要比睿智程度，令郎似乎遜於蘇格拉底；再就自刺胸膛這件事而言，令郎受人尊崇的程度也比不上小加圖。

您看過這些例子就會發現，那些能快速進入安穩狀態的人，都是備受上天眷顧的人，因為無論是生是死，他們能獲得的待遇完全相同。世間最欺人的事，莫過於人生了。我說啊，人在誕生前若有選擇餘地，應該都會放棄來到人間。能不來到人間，是世間最幸福的事；若要退而求其次，我想我們得儘快了結自己的生命，回歸出生前的寧靜狀態。

您還記得嗎？您得知塞揚努斯把令尊當成禮物，送給委託人薩提烏斯・塞昆篤斯（Satrius Secundus）的時候，您是多麼痛心啊。塞揚努斯會如此挾怨，都是因為令尊不願看見他升官後騎在人民頭上，於是選擇有話直說。要是塞揚努斯真的升了官，人民肯定會被當馬騎。後來，有人還替塞揚努斯鑄了雕像，準備擺在曾遭祝融吞噬、後來由凱撒重建的龐貝劇院裡。令尊一得知消息，便嚷著「這座劇院真的毀了」。是啊，塞揚努斯這個不忠的軍人，有人居然幫他塑了紀念雕像，擺在葬了龐貝將軍的龐貝紀念館中，這怎不教人氣憤？

結果，紀念塞揚努斯的銘文刻好了[11]，而他豢養的獵犬也圍在令尊身邊吠叫，甚至對令尊齜牙作勢。這些獵犬的嗅覺靈敏，又被塞揚努斯不斷餵食人血，變得越來越聽主人的話，只會攻擊主人身邊的人。這時候，令尊還能怎麼辦？他如果想活命，得先獲得塞揚努斯首肯；如果想赴死，又得徵得女兒同意。可是，要讓這兩個人點頭是不可能的，於是他選擇欺騙女兒。準備赴死之前，他先沐浴了一番，讓身體變得虛弱一點，再走進臥室假裝用餐，同時命僕人全數離開。接著，他把所有食物丟出窗外，假裝自己吃過飯了，再說自己已經在房裡吃過東西了，今天不想吃晚餐。到了第二天和第三天，他還是繼續如此，但到了第四天，身體就撐不住了。於是他抱著您，對您說：「從你出生以來，我幾乎沒瞞過你什麼，只有一件事除外：那就是我已經做好赴死的打算，也走在半途中了。你想叫我掉頭是不可能的，也請你不要這麼做。」他一邊說著，一邊要人把臥室裡的燈滅了，留他一個人待在漆黑的房裡。他決心赴死的消息傳開後，大家都開心地覺得餓狼口中的獵物掙脫魔掌了。但控方聽了塞揚努斯的意見，就走到執政官席前申訴，說科爾都斯快死了，希望執政官出手阻止他，讓他不要因為被起訴就選擇自殺。在控方看來，科爾都斯儼然想擺脫控方的控制。而這邊產生了一項爭議：被告究竟有沒有自殺的權利？法庭對此展開辯論，使得控方必須再出一次庭，令尊也趁機獲得真正的自由了。瑪西亞，您有沒有發現，人隨時都可能遇上大劫？而您之所以難過，是因為令郎免不了一死嗎？別忘了，令尊還差點死不了呢。

XIII.

未來的一切都屬未定之天，而唯一確定的事，就是事情常常每況愈下，而不會漸入佳境。不過，當靈魂準備離世復歸上蒼，反而會是最輕鬆的一條路，因為過程中幾乎不沾污穢，不會讓自己的腳步被拖垮。靈魂在淪為凡夫俗子、陷入塵世俗務無法自拔之前，如果能及早掙脫束縛，就能輕盈地飛回降生之處，還能輕鬆洗去身上染的髒汙與不潔。心靈崇高的人總想擺脫肉體束縛、衝破囚籠，因為他們的心早習慣遨遊宇宙，自高空睥睨塵世，相較之下，肉體實在窄到令人不適。正因如此，柏拉圖才會說智者的心靈總想接近死亡、渴求死亡、想像死亡，期盼自己能儘快步入死後的世界。

瑪西亞啊，令郎是如此早慧，既不受各種慾望左右，又能維持純潔高尚的人品，獲得財富時不起貪念、任官時毫無野心、享樂時從不豪奢，這樣的人雖然陪伴著您，但他真的能一輩子安然無恙嗎？盛極而衰是萬物之道，性格臻於圓熟的人，很快就會離開這個世界，早熟的事物無法活到最後一刻。火燒得越旺，熄得越早。若燃油品質粗劣不易燃，讓火焰只能從煙霧中透出微光，火反而燒得越久；換言之，燃燒條件越差的火撐得越久。同樣地，越聰慧的人越短命，因為一旦心缺乏成長空間，死期就不遠了。

法比努斯提過一件我們的父母輩曾經歷的事：從前羅馬有個男孩，身材比成年男子還高大，結果活沒多久就死了。明白人都會說，這個男孩八成活不久，因為他太早活到之後該活的年紀了。是的，成熟必然伴隨凋零，當成長告一段落，結局也不遠了。

XXIV.

不要執著於他的歲數，多想想他的德性，畢竟，他已經活得夠久了。他從出生到十四歲，都活在家庭教師的庇蔭之中，而且從來沒離開過母親身邊。即使成了家，他還是不願離開您，因此選擇繼續和您同住，而世上願意和父親同住的兒子也不多。令郎高大俊美、體魄強健，理論上是個從軍的人才，但他卻拒絕入伍受訓，只因為他不想離開母親。瑪西亞，請您想一想，天底下和兒女分開住的母親，能見到兒女的機會實在少之又少。再請您想想，在兒子入伍受訓的那幾年間，做母親的人總不免失落焦慮。您會發現，您失去的其實不多，因為令郎從未離開過您的視線，而且還在您的看顧下磨練心智，達到了令人讚嘆的高度；要不是他性格害羞內向，他的才智甚至能媲美祖父，這也是很多人成就不高的原因。令郎年輕俊美，身邊還圍繞著拼命魅惑男人的女性，但他從不讓這些人如願以償，即使哪個女子斗膽展開行動魅惑他，他只會發現自己備受青睞而漲紅臉，彷彿自己犯了什麼錯。他的人格如此聖潔，當他年幼時，人們就認為他天生是神職人員的料，這顯然要歸功於母親的教化；但話說回來，當事人若不具備這樣的特質，母親再如何教化也是白費工夫。

請您懷想令郎的美德，想像他還趴在您膝上，好好撫慰他一番。現在，他可以從容自在、心無旁騖回應您的安撫，不會再讓您焦急難過了。只有如此傑出的兒子，才能讓母親傷心欲絕，您確實也徹底難過了一回。只要您明白如何懷念令郎，並深刻了解令郎最難能可貴的一面，命運就干預不了您往後的日子，您的人生會充滿喜樂。已經離開世上的，就只有令郎的外貌，而這外貌和令郎並不神似；令郎現在是永垂不朽的人物，不但進入了更美好的狀態，也卸下了不屬於自己的重擔，回歸獨自一人的世界了。包裹著我們的軀殼、我們的骨骼與肌肉、覆蓋我們的皮膚與臉龐、供我們差遣的雙手、我們四周的環境，全都是讓靈魂墮入黑暗的枷鎖。這些事物箝制著靈魂，讓靈魂被掐著脖子、被汙染及灌輸妄念，離真實的內在越來越遠。靈魂必須時時奮戰，才能擺脫肉身的拘束，省得被拖累而被迫沉淪。而且，靈魂總想回到降生前的發源地；在那裡，靈魂才能永遠安息，不須面對塵世的汙濁，唯有純淨清澈的畫面相伴。

XXV.

因此，您不必趕著前往令郎的墓地，因為墓裡只有令郎最不堪的一面、最折騰他的事物，以及純粹用來覆蓋身軀的碎骨與骨渣。他整個人已經脫離塵世，飛向了另外一個世界；他在人們頭頂盤旋了一會，滌淨凡人靈魂中的塵與汙之後，便朝天界而去，和充滿福分的靈魂相會了，像是西庇阿、加圖父子這些聖潔之人，以及所有置生死於度外，且因死亡而獲得自由的人。當然，大家可能都來自同一個家族。

瑪西亞，當令郎感受到前所未見的光輝，令尊也會張開雙臂迎接他的孫子，教他以星體的步伐移動，並欣喜地領著他一窺自然的堂奧，令尊絕不會胡說八道，只會分享真知灼見。就好比初至陌生城市的人，會對導遊滿懷感激，當令郎看遍天上的景象，也會對在身邊解釋來龍去脈的親人抱持感謝。當令郎向下俯瞰塵世，內心會變得相當雀躍，因為從高處遙望曾經割捨的事物，確實令人雀躍不已。

所以，瑪西亞啊，請您想像令尊和令郎正站在您面前，但他們已非您熟悉的模樣，而會是高尚的天上子民。若您做出了任何凡俗的行為，或為了變得更高尚的親人而難過，您應該自覺羞愧。他們身處廣闊無邊的永恆宇宙，可以自由自在地徜徉其中，不會被大海、高山、深谷或危機四伏的蘇爾特灣阻撓。他們不管走到何處，地勢總是一片平坦，因此移動起來行雲流水，乃至於與星體共存共榮、融為一爐。

XXVI.

瑪西亞，請您想想令尊影響您多麼深，和您帶給令郎的影響不相上下。他不再是拼命譴責羅馬內戰的人，也不再會去批判那些可能送他回馬槍的人；他現在比以前過得更快活，如同目前的居所一樣高高在上。他會一面俯視人間，一面對您說：「女兒啊，你為什麼要難過這麼久？你為什麼不認真面對現實，總是想著上天對兒子不公？你說，他明明年紀輕輕、身心健康，卻得撇下活著的親人，自己回天上見祖宗；但你難道不明白，命運女神最愛興風作浪了嗎？除了和她幾無瓜葛的人，每個人都會被她無情操弄，不是嗎？那些國王失勢的故事，你還需要再聽我說一次嗎？要是他們能在失勢前就離世，豈不能成為世上最幸福的凡人？還是說，我得再講講羅馬將軍的故事，告訴你假使他們能再減個幾年壽，成就肯定圓滿無憾？還是說，我得再提醒你某些人因為出身高貴，反而默默成了遭士兵斬首的對象？拿你爸爸和你爺爺來說吧：你爺爺被某個異鄉人殺了，而我選擇不讓別人定奪我的生死，所以我才會採取絕食行動。正如我文章裡說的，我靠行動證明我的決心。我既然是家族裡死得最幸福的人，就不該是被哀悼最久的人。所有人都在天上團聚了，當我們脫離了永無止盡的黑暗，俯瞰尚在人間的你，只會認為世間生無可戀，全無半點崇高偉大之處；一切都如此卑劣、可嘆、令人不安，連一絲我們這兒享有的光輝都沒有。這裡沒有相互廝殺的軍隊、沒有彼此相殘的戰艦、沒有付諸實行或預謀的弒親行動、沒有讓兩造爭執不休的法院、沒有鬼鬼祟祟的陰招，且人人開誠布公、毫無機心，所作所為全都公開透明，對於過去和未來發生的一切，我們完全瞭若指掌。

從前，我很愛觀察偏遠地區的人，看看人們經歷了哪些事，再將一整個世紀的史實彙整起來。我最愛旁觀歷史中的點點滴滴，看看事件如何承先啟後；我會旁觀王國的興衰、化為斷垣殘壁的城市、大海中生出的海峽。喪親是件再平常不過的事，如果這樣想對你有安慰效果，那麼，請你放心，所有的事都不會以原貌持續存在，因為時間會擊潰、磨滅一切。時間擊潰的不單是人——畢竟，人不過是命運掌控範圍的一小角而已——更包括世上各個城區、省份、地域。時間能剷平整片山嶽，也能堆起新的岩壁；時間能掏乾海水、改變河流流向、斷絕民族之間的聯繫、破壞人類同胞之間的情誼；有時候，時間也能在大地上鑿出深谷，吞噬地面上的城市、引發地震搖撼屋舍、讓冥界的瘟疫入侵人間，或讓洪水淹沒每一寸土地，奪走世上所有生命，或是放把大火焚毀所有生物。當時間準備終結這個世界，讓下一個新循環展開，所有自然力量都會互相抵銷、星體會互相衝撞，而在天空各處依序閃耀的光芒，最後都會同時自燃，化成一整團火焰。接著，每當上天認為宇宙該重塑了、當萬事都各就其位了，身為備受祝福的靈魂、永生不死的候選人、宇宙劫數中的小小片段[12]。我們必將復歸原初的樣貌。瑪西亞，你有個幸福的兒子，因為這些事他早就明白了。」

1. 見梅利維爾（Merivale）所著之《羅馬帝國中的羅馬人史》（History of the Romans under the Empire）第十四章。
2. 塞揚努斯（Lucius Aelius Seianus）是第二任羅馬皇帝的愛將，而塞揚努斯的黨羽瑟垂厄斯（Satrius

Secundus）指控本書收件人瑪西亞的父親、歷史學家奧魯斯叛國，最後奧魯斯被迫自殺。

3. 如果思念亡友會帶來傷痛，當然不可能一天到晚提起他們，讓自己在回憶中煎熬。

4. 有學者認為，這樣解釋是錯的，應該要解釋成deminutio，也就是「衰頹」才對。

5. 這裡指的知名頭銜，是蘇拉名字（Lucius Cornelius Sulla Felix）當中的felix一字，在拉丁文中的意義是「快樂、幸運、有福的」。

6. 護持門柱似乎是獻祭儀式的一環，波維魯斯當時正在朱比特神殿中主持儀式。詳見李維《羅馬史》第二卷第八章，以及西塞羅Pro Domo中的敘述。

7. 西元前一六八年，保盧斯擊敗了馬其頓最後一任國王佩爾瑟斯。

8. 關於保盧斯的兒子，可參見普魯塔克《希臘羅馬名人傳》之〈保盧斯傳〉：「他有四個兒子。如前所述，其中兩個被過繼到西庇阿和法比烏斯家族去了；另外兩個由第二任妻子所生的幼子，則待在生父身邊。但是待在生父身邊的這兩個小孩，其中一人在保盧斯打勝仗前五天死了，得年十四歲；另一人則在父親打了勝仗三天後死去，得年十二歲。於是，全羅馬無人不替保盧斯感傷。」

9. 時間為西元前五十九年。另外，根據資料顯示，這裡的執政官應非奇烏斯．畢布魯斯，而是他的父親馬可斯．畢布魯斯（Marcus Calpurnius Bibulus）。馬可斯與凱撒陣營水火不容。

10. 利普修斯（Lipsius）表示，這句話的概念源於詼諧詩人安提普班尼斯（Antipbanes）。見麥內克（Meineke）所著之《詼諧殘編》（Comic Fragments）第三頁。

11. 原文的意思是如此，但根據有些學者的推測，這邊應該解釋為editur subscriptio「有人寫了強力譴責他的文字」，此說倒也合情合理。見「論恩惠」第三卷第二十六章。

12. 原文應為ruinae，有些學者認為文中的uriae為誤植。

論人生短暫：
古羅馬斯多噶學派經典人生智慧書，關於心緒寧靜、時間與錢財

ON THE SHORTNESS OF LIFE:
Life is Long if You Know How to Use It

作　　者　塞內卡（Lucius Annaeus Seneca the Younger）
譯　　者　柯宗佑
行銷企畫　劉妍伶
執行編輯　陳希林
封面設計　陳文德
內文構成　陳佩娟

發 行 人　王榮文
出版發行　遠流出版事業股份有限公司
地　　址　104005臺北市中山區中山北路1段11號13樓
客服電話　02-2571-0297
傳　　真　02-2571-0197
郵　　撥　0189456-1
著作權顧問　蕭雄淋律師

2022年03月01日 初版一刷
定價 新台幣320元（如有缺頁或破損，請寄回更換）

ISBN　978-957-32-9454-2
遠流博識網　http://www.ylib.com
E-mail: ylib@ylib.com

圖書館出版品預行編目(CIP)資料

論人生短暫：古羅馬斯多噶學派經典人生智慧書，關於心緒寧靜、時間與錢財/塞內卡(Seneca)著；柯宗佑譯
-- 初版. -- 臺北市：遠流出版事業股份有限公司, 2022.03
面；　公分

譯自：One the shortness of life : life is long if you know how to use it.
ISBN：978-957-32-9454-2　(平裝)

1.CST: 塞內卡(Seneca, Lucius Annaeus) 2.CST: 學術思想 3.CST: 希臘羅馬哲學

141.75　　111001561